# À Sombra da Vaidade

## Amor, Magia e Conflitos

André Cozta
Por Pai Cipriano do Cruzeiro das Almas

# À Sombra da Vaidade
## Amor, Magia e Conflitos

© 2014, Madras Editora Ltda.

*Editor:*
Wagner Veneziani Costa

*Produção e Capa:*
Equipe Técnica Madras

*Revisão:*
Silvia Massimini Felix
Arlete Genari
Francisco Jean Siqueira Diniz

---

**Dados Internacionais de Catalogação na Publicação (CIP)**
**(Câmara Brasileira do Livro, SP, Brasil)**

Cipriano do Cruzeiro das Almas (Espírito).
À sombra da vaidade: amor, magia e conflitos/
ditado por pai Cipriano do Cruzeiro das Almas;
[psicografado por] André Cozta. – São Paulo: Madras, 2014.
Bibliografia

ISBN 978-85-370-0903-1

1. Psicografia 2. Umbanda (Culto) I. Cozta, André. II. Título.

14-02219      CDD-299.672

Índices para catálogo sistemático:
1. Mensagens mediúnicas psicografadas: Umbanda:
Religiões de origem africana     299.672

---

É proibida a reprodução total ou parcial desta obra, de qualquer forma ou por qualquer meio eletrônico, mecânico, inclusive por meio de processos xerográficos, incluindo ainda o uso da internet, sem a permissão expressa da Madras Editora, na pessoa de seu editor (Lei nº 9.610, de 19.2.98).

Todos os direitos desta edição reservados pela

**MADRAS EDITORA LTDA.**
Rua Paulo Gonçalves, 88 — Santana
CEP: 02403-020 — São Paulo/SP
Caixa Postal: 12183 — CEP: 02013-970
Tel.: (11) 2281-5555 — Fax: (11) 2959-3090
**www.madras.com.br**

**Impressão e acabamento:** Yangraf Gráfica e Editora

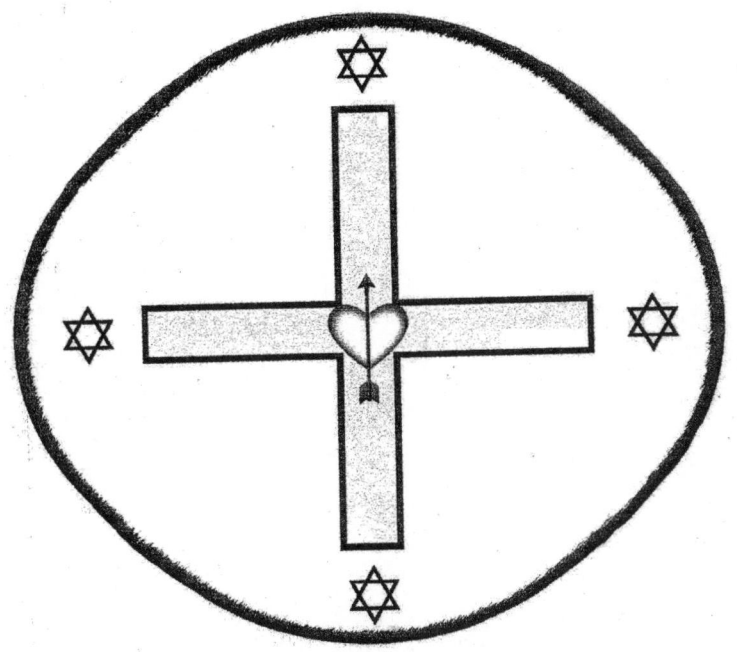

"Não há equilíbrio sem estabilidade,
não há estabilidade sem equilíbrio,
não há evolução sem justiça,
não há justiça sem evolução."

*Mestre Rhady*

*Agradeço a Rosana Cavaleri, por tudo, sempre!*
*Esta trama passa-se na Inglaterra do século XVIII, por isso, legendamos, fazendo uma relação das divindades cultuadas nesta história com os Divinos Orixás da Umbanda.*

# Índice

Nota do Autor ................................................................. 11
Prefácio .......................................................................... 13
Lara e Edgard ................................................................. 17
Capítulo 1 – Amor Escondido ........................................ 19
Capítulo 2 – Um Encontro, uma Descoberta ................. 29
Capítulo 3 – Uma Batalha se Aproxima ......................... 41
Capítulo 4 – Uma Decisão Importante ........................... 49
Capítulo 5 – Mestres em Alerta ...................................... 55
Capítulo 6 – Myrnah dá um Passo à Frente ................... 63
Capítulo 7 – O Mestre Mago Recorre a um Conselheiro ....... 77
Capítulo 8 – A Reação de Lara ...................................... 87
Capítulo 9 – No Santuário Natural ................................. 97
Capítulo 10 – O Avanço do "Embaixo" ........................ 103
Capítulo 11 – A Sentença ............................................. 113
Capítulo 12 – Sob os Olhos da Lei ............................... 125
Capítulo 13 – A Sentença Começa a se Cumprir ......... 133

Capítulo 14 – Edgard Protagoniza uma Tragédia ............... 141
Capítulo 15 – Corações Partidos ......................................... 151
Capítulo 16 – O Cavaleiro Despede-se de sua Amada ........ 161
Capítulo 17 – Frente a Frente com a Consciência .............. 169
Capítulo 18 – Uma História sem Fim .................................. 181
Mensagem Final .................................................................. 191

## Nota do Autor

Quando comecei a receber as irradiações de Pai Cipriano do Cruzeiro das Almas para escrever esta obra, não imaginava o teor desta história e as "consequências" que a trama traria.

Escrevi o primeiro capítulo em janeiro de 2011 e não voltei mais a este livro, retornando à sua escrita somente em maio do mesmo ano.

Como em todas as obras que tenho o privilégio de escrever, recebendo-as dos Senhores Mestres da Luz, ao final, sinto a sensação de dever cumprido aliada à sensação de aprendizado, como se tivesse concluído mais um "curso" em minha vida.

E, em *À Sombra da Vaidade – Amor, Magia e Conflitos*, pude especialmente sentir e aprender, escrevendo, e, ao mesmo tempo, lendo uma história que se passa na Europa do século XVIII, que nossos sentidos, sentimentos, vontades, falhas e acertos ultrapassam o tempo cronológico do plano material da vida humana e, até mesmo, a própria dimensão humana em que vivemos.

E o grande desafio é, exatamente, voltarmo-nos para nossos íntimos e, com humildade, revermos cada palavra dita ou pensada, em todos os momentos, ao longo dos tempos.

Aquele que conseguir perceber, nas entrelinhas deste romance, que a origem e as consequências desta trama estão fora deste livro, poderá, então, olhar para seu pai, mãe, marido, esposa, irmão ou irmã, pensando que tudo pode ser superado com amor. Pois, se Deus está em tudo e acima de tudo, o amor também tem de estar.

Esta obra dá sequência à Trilogia "O Preto Velho-Mago". Se você leu *O Preto-Velho Mago – Conduzindo Uma Jornada Evolutiva*, começará a entender, a partir deste livro, os desdobramentos da caminhada de um espírito que encontrou a escuridão, por ter acessado em seu mental a ignorância, em detrimento do saber evolutivo.

Boa leitura!

*André Cozta*

# Prefácio

E lá vamos nós, mergulhados nas sombras das ilusões humanas. Aliás, humano deveria ser sinônimo de iludido, não acham?

Em nosso esquecimento do passado, que se manifesta em cada um como uma amnésia profunda no nascimento, e que nos deixa à mercê de orientações distorcidas dentro de uma Sociedade Mundial analfabeta quanto às Leis que regem a Criação Divina, não aprendemos a escutar o que vem do "íntimo", que chamamos de consciência, sobre o que devemos escolher como melhor. Tudo à nossa volta nos dispersa dessa atenção ao que nos vem do íntimo e de nossos Guias Espirituais, e quantas vezes não seguimos o que nos é transmitido; isso é assim hoje e, na história passada humana, isso também é visível.

Assim caminhamos nos acertos e enganos nas escolhas, que nos complicam na jornada evolutiva, criando amarras cármicas que reclamam o desembaraçar.

A história contada neste livro, que é um conto verídico, mostra-nos também o que afirmei. A teia de ilusões que envolve os personagens, dentro de uma sociedade com valores artificiais, resulta em escolhas e ações que levaram os envolvidos a profundas complicações espirituais. A ilusão do poder, do amor possessivo, da beleza física, da fama, e o menosprezo com a vida.

A mistura perigosa: Amor e Magia, no meio dos conflitos, induz os personagens ao uso indevido das energias divinas nos procedimentos magísticos e no desrespeito às Leis de preservação da Vida.

E assim temos mais um daqueles relatos magníficos que nos são trazidos por médiuns umbandistas com canalização positiva, como a tem o André.

Esta obra contribuirá pelos ensinamentos e exemplos de vidas, realmente vividas, para o preenchimento da lacuna existente de obras umbandistas nas prateleiras das livrarias. André está cumprindo essa missão também.

Quando prefaciei o livro *O Preto Velho-Mago – Conduzindo Uma Jornada Evolutiva,*\* anunciei ao público leitor: certamente outras obras virão. Isso está se realizando, porque esta obra, a segunda de uma trilogia, está abrindo realmente um caminho para muitos ensinamentos similares no futuro.

Peço ao caro leitor que reflita sobre como as escolhas fundamentadas em princípios espirituais sólidos são importantes. Não se trata de pertencer a uma religião, seja ela qual for, trata-se de postura consciencial que valorize os princípios da humildade, da honestidade, do respeito ao sagrado e à vida. Rótulos religiosos não conduzem ninguém à elevação espiritual, porém muitos os usam e os resultados são sempre similares aos desta história.

---

N.E.: Obra publicada pela Madras Editora.

A semeadura é livre, mas a colheita é obrigatória; foi ensinado por um dos Grandes Instrutores Espirituais enviado à Terra, e nesta obra vocês verão uma semeadura que complica o futuro.

Reflitam sobre os ensinamentos que são trazidos por meio desse exemplo. Observem que os Mestres ou Guias que nos assistem nos planos espirituais ficam "impotentes" para nos ajudar frente aos nossos "inimigos" espirituais, porque escolhemos os "caminhos tortos".

Analisem também a forma sábia como o Senhor Preto-Velho Pai Cipriano do Cruzeiro das Almas nomina os Poderes Divinos, os Orixás, usando uma linguagem puramente portuguesa, sem se utilizar das denominações africanas. Assim será a forma que usaremos no futuro, para nominá-los, quando o conhecimento teológico umbandista já houver se disseminado e fizer parte de nossas práticas rituais.

Parafraseando o Grande Mestre, o Senhor Jesus, quando disse: "Pai, perdoa-lhes porque não sabem o que fazem", dizemos nós em relação àqueles que dizem que Umbanda é Prática e que não é necessário estudar: Pai, perdoa-lhes porque não sabem o que dizem.

Aproveitem esta obra, pois está cheia de ensinamentos nas entrelinhas da narração.

É um romance que vale a pena.

Abraço fraternal.

*José de Brito Irmão*
Sacerdote Umbandista e
Mago Iniciador em Magia Divina

# Lara e Edgard

Uma história de amor com nuances de drama, quando um homem e uma mulher encaminham suas vidas à tragédia.

Vivendo "à sombra da vaidade", equivocadamente, Lara e Edgard protagonizam uma trama na qual, banhados pelo egocentrismo, egoísmo e ignorância, usam de recursos da magia negativa para atingirem seus objetivos mesquinhos, afetando seus semelhantes.

O que veremos nesta obra nada mais é do que aquilo que continua se repetindo, ainda nos dias de hoje, em nossa sociedade "tão avançada" tecnologicamente, porém tão atrasada consciencialmente.

O verdadeiro amor liberta, sabemos! Mas, infelizmente, muitos de nós ainda queremos aprisionar a pessoa "amada". E, quando aprisionamos, será que estamos realmente amando ou, simplesmente, satisfazendo nossos desejos egoístas e sem propósitos verdadeiros?

Porque só há propósito em algo quando visa a promover o crescimento individual e coletivo.

Lara e Edgard se amaram, sim, em muitas de suas encarnações, mas em todos os seus encontros fracassaram mediante seus egos, vaidades e concepções equivocadas acerca da vida.

E o amor, que deveria uni-los para construir, transformou-se em um pergaminho infindável de dívidas.

Então, que a história aqui contida sirva de reflexão, ao menos para que possamos recuar, quando necessário, recomeçando todas as histórias de nossas vidas, com amor puro, sem egoísmo, sem vaidades, sem cobranças e com um sorriso sincero de satisfação. Pois, sem satisfação, pode haver qualquer coisa, menos amor!

# Capítulo 1

## Amor Escondido

Era uma manhã fria naquele povoado britânico, situado nos arredores de Cambridge.*

Naquela propriedade, apenas algumas ovelhas rondavam a casa àquela hora.

Era o ano de 1730.

Lara fora acordada por um raio de sol que penetrou pela janela de seu quarto.

Lembrou-se de que aquele seria um dia muito especial. Reencontraria seu grande amor, que retornava de uma batalha em terras distantes.

Um amigo mensageiro dissera-lhe que as tropas comandadas por seu amado haviam obtido uma vitória devastadora e, por consequência, fortalecido os domínios territoriais e políticos da realeza britânica perante toda a Europa.

Levantou-se, foi à janela, visualizou as plantações daquela pequena propriedade.

---

\* *Cambridge é sede do condado Cambridgeshire. Situa-se a 80 quilômetros de Londres, a 52º 12' latitude norte e 0º 07' latitude leste. Está às margens do Rio Cam, afluente do Ouse (Tributário do Mar Norte).*

Voltou à cozinha, preparou uma refeição. Comeu, bebeu, partindo em seguida para sua horta. Era o local onde se energizava, onde se abastecia para enfrentar os desafios do novo dia.

Morava sozinha naquela residência, desde que sua mãe falecera, vitimada por uma doença inexplicável para os médicos da época.

Mergulhada em uma constante solidão, aprimorou seus dotes culinários, mas, principalmente, aperfeiçoou-se nas lidas da magia.

Manipulava ervas e líquidos mágicos como ninguém naquela região.

Era tida como "bruxa". Respeitada e adorada por uns e detestada por outros.

Estes, que a ela temiam, tinham-na como uma feiticeira perigosíssima, uma ameaça aos valores cristãos estabelecidos naquela sociedade.

Os altos representantes do Cristianismo eram incansáveis em suas campanhas de difamação daqueles que denominavam "bruxos e feiticeiros pagãos".

E Lara, para muitos deles, era o primeiro nome constante na lista dos "Inimigos de Deus".

Naquela manhã, após se reenergizar mexendo na terra, Lara dirigiu-se até um pequeno galpão que se situava aos fundos de sua propriedade.

Lá dentro havia um caldeirão, algumas ervas e, próximo à parede e sobre uma mesa, alguns recipientes de vidro contendo líquidos aos quais ela denominava "poções mágicas".

Olhou para tudo à sua volta e pensou: "Hoje, estarei pronta para reencontrar meu amado. Três meses sem vê-lo. Vou me perfumar com a mais sedutora das poções que aqui possuo".

Dirigiu-se à mesa onde estavam as poções e pegou um recipiente que continha um perfume que criara com essência de anis.

Pensou: "Uma essência especial, um momento especial".

Edgard, o homem que Lara amava, comandante militar britânico, condecorado pela realeza por suas vitórias devastadoras, era tido por muitos como um dos principais responsáveis pelos domínios e conquistas da Grã-Bretanha. Porém, omitia de todos seu lado "obscuro".

Por conta de sua posição social, como militar e nobre, mantinha seus encontros com Lara às escondidas.

Mesmo assim, Edgard fazia questão de estar, sempre que possível, na companhia daquela mulher. Ela fazia com que viessem à tona seus mais íntimos sentimentos.

Com ela, descobriu-se "feiticeiro". Para os valores e conceitos daquela sociedade, em hipótese alguma um comandante da realeza britânica poderia praticar atos de paganismo.

Era, para todos, um cristão devoto e seguidor das ditas leis divinas (que, na verdade, eram leis ditadas pelos governantes da época).

Apesar do frio, o sol brilhou naquele dia especial e, ao entardecer, Edgard, montado em seu corcel branco, aproximou-se da propriedade de Lara.

Ela, intuitivamente, sentiu que ele se aproximava, abriu a porta e ficou aguardando seu amado.

Ele desceu do cavalo, amarrando-o em um poste de madeira que ficava próximo à casa, e dirigiu-se à porta a passos largos, com um sorriso estampado no rosto.

Edgard era um homem magro, alto, elegante. Possuía um cavanhaque negro, cabelos longos (até a altura dos ombros). Lara era uma bela mulher magra, elegante, cabelos negros, pele branca, olhos amendoados.

Ao chegar à frente de sua amada, ele abriu um largo sorriso; com a mão direita tirou o chapéu, encostando-o ao peito, curvou-se e falou:

– *My lady*, estou de volta!

Lara, com a mão direita, puxou seu vestido branco para o lado e para cima, curvando-se, saudando seu amado, e disse:

– É com imensa honra que o recebo novamente em minha humilde morada, nobre cavaleiro!

Edgard jogou o chapéu ao chão e, com firmeza, puxou Lara pelo braço, beijando-a intensamente.

Aquela fora uma noite especial e de muito amor para aquele casal.

Uma bela noite de amor, após tanto tempo separados, culminou em uma manhã especial.

Lara preparou uma refeição recheada com muito afeto para seu amado. Queria celebrar seu retorno e cuidava, minuciosamente, de todos os detalhes.

Após a refeição, a convite de Edgard, saíram para um passeio a cavalo.

Galopando vagarosamente, aquele corcel branco conduzia os amantes às margens do Rio Cam, no mesmo local onde costumavam encontrar-se logo que se conheceram.

Edgard conduzia aquele cavalo de forma altiva e firme, olhar reto para o horizonte. Às vezes, olhava para os lados. Nem mesmo em um momento de puro amor, como aquele que estava vivendo, perdia seus hábitos de hábil comandante militar.

Lara, abraçada ao seu amado, com a cabeça encostada às suas costas, suspirava de vez em quando. Estar com ele fazia com que se esquecesse das vicissitudes do dia a dia, das perseguições que sofria por parte dos religiosos cristãos e da nobreza.

Aproximaram-se de uma árvore, onde costumavam ficar em seus primeiros encontros.

Edgard pegou na mão direita de Lara, auxiliando-a a descer do cavalo. Desceu em seguida, roubou-lhe um beijo, olhou no fundo de seus olhos, como que pesquisando a alma da mulher amada. Ainda olhando firme para ela, disse:

– Lembra-te de nosso primeiro encontro, aqui, sob aquela árvore?

Ele apontou para a árvore. Ela, sorrindo, disse:

– Obviamente, meu amado!

Edgard puxou-a pela mão, conduzindo-a até debaixo da árvore. Prosseguiu:

– Lara, sempre que aqui me encontro contigo, sinto-me mais forte do que em todas as batalhas das quais participei e venci. E, tenho certeza, em nenhuma das batalhas vindouras me sentirei tão forte!

Lara sorriu, passou a mão direita sobre os cabelos de Edgard e disse:

– A magia do amor supera todas as batalhas, todas as guerras. Aqui, meu cavaleiro, trocas o sangue dos inimigos pelo sentimento mais nobre que há.

Ele sorriu, acariciando o rosto dela, e disse:

– És muito sábia, Lara, minha amada!

Ela sorriu, deu-lhe as costas, dirigindo-se a uma outra árvore. Ainda de costas para ele, disse:

— Realmente me amas, Edgard?

— Tens dúvidas com relação ao meu sentimento por ti, Lara? Ainda não dei provas suficientes de que te amo verdadeiramente?

— Creio que sim, meu cavaleiro, meu amado! Porém, não basta nutrires por mim tal sentimento, se não me assumes como tua mulher.

— Lara, minha amada, preciso que entendas minha posição...

— Sei, sei, sei... tu és um nobre condecorado pela realeza, um cavaleiro, um militar temido e respeitado...

Virou-se para Edgard, sorriu maliciosamente e prosseguiu:

— ... Porém, todos esses nobres, religiosos... nem mesmo a realeza, sabem quem tu realmente és. Eu sei quem tu és!

— Onde pretendes chegar?

— Não pretendo chegar a lugar algum, Edgard! Pretendo apenas que tu chegues a esse lugar, que te voltes para teu interior.

Edgard ficou intrigado, suspirou. Lara prosseguiu:

— Tu és, antes de mais nada, um bruxo, um feiticeiro, assim como eu. A diferença entre nós está no fato de eu ser uma camponesa e tu, um militar condecorado.

— Lara, tu despertaste isso em mim, sabes disso! Antes de nos conhecermos, eu não praticava essas coisas.

— Não praticavas, é verdade. Porém, tu te sentes tão bem quando usas e abusas dos poderes mágicos em teu benefício, não é mesmo, meu cavaleiro?

– Não posso negar que tudo o que me ensinaste me fascina muito e tem me auxiliado demais.

– Eu sei, meu cavaleiro! Graças aos poderes mágicos que evocas, tens sido bem-sucedido nas batalhas, derrotado teus inimigos e saído delas ileso, sem um arranhão sequer.

Virou-se novamente para a árvore, ficando de costas para Edgard, e disse:

– Porém, quero que saibas que te amo demais, meu cavaleiro! Em hipótese alguma penso na possibilidade de perder-te. Sempre que partes para uma batalha, a insegurança toma conta de meu coração. Acabo também evocando poderes mágicos em teu auxílio, para que saias ileso e voltes aos meus braços. Só que... (ela abaixou a cabeça, uma lágrima correu em seu rosto).

– Prossigas, Lara!

– ... há coisas que estão acima de nós, amado Edgard! Mesmo que eu evoque todas as forças da natureza, não consigo o que mais almejo nesta vida.

Ela se virou novamente para Edgard, olhou no fundo de seus olhos e prosseguiu:

– Tê-lo só para mim, meu cavaleiro! Quero tê-lo como meu homem! Posso fazer chover em tempos secos, posso parar a chuva na época da colheita, mas uma força maior que desconheço não permite que estejas sempre ao meu lado.

Edgard aproximou-se de Lara, pegou-a pela cintura, colou seu rosto no dela e disse:

– Minha amada, és uma sábia, és minha mestra! Contigo aprendi tudo o que há de melhor. Desde o mais puro sentimento de amor até a evocar forças da natureza em meu benefício.

Lara se desvencilhou dos braços de Edgard, deu um passo para trás, olhou no fundo de seus olhos e disse:

– Se sentes realmente tudo isso, por que nunca fizeste nada para ter-me ao teu lado?

– Mas, eu...

– Não mintas para mim, meu cavaleiro, sei que nunca agiste com essa intenção.

Ele abaixou a cabeça e, claramente envergonhado, disse:

– Lara, minha amada, sinto-me dividido.

Levantou a cabeça e, olhando nos olhos dela, prosseguiu:

– Amo-te como nunca amei ninguém em toda a minha vida. Mas não posso, em hipótese alguma, perder minha posição na sociedade, meu *status* de comandante militar. Eu ficaria desmoralizado perante a nobreza e a realeza.

Lara, nitidamente contrariada, olhou para ele e disse:

– Edgard, eu poderia acabar contigo, se eu quisesse. Bastaria dar essa notícia a um mensageiro...

Ele a interrompeu:

– Lara, tu sabes que, graças à minha influência, ainda te manténs tranquila em tua morada, sem incômodos.

– Eu sei, meu amado! Mas isso não me basta. Eu te quero ao meu lado.

– Não há nada mais belo do que nosso amor, Lara! Ele basta por si só. Vamos vivê-lo. Um dia, prometo, ficarei para sempre ao teu lado.

Com os olhos marejados e olhando no fundo dos olhos de Edgard, Lara disse:

– E quando será esse dia, Edgard? Daqui a cem anos? Quanto tempo ainda deverei esperar por ti, meu cavaleiro?

Edgard abraçou Lara, encostando a cabeça dela em seu peito. Nada falou. E Lara entendeu aquele silêncio como a resposta que ela mais temia: a resposta da dúvida. Nem mesmo Edgard sabia se um dia poderia cumprir aquela promessa.

Foram embora sobre o corcel branco que, mais uma vez, galopava vagarosamente.

Visivelmente triste, Lara estava abraçada ao seu amado e com a cabeça encostada em suas costas.

Já em frente à propriedade dela, Edgard acompanhou sua dama até a porta da casa. Ela perguntou:

– Ficarás aqui esta noite?

– Infelizmente não, amada, preciso partir. Tenho deveres a cumprir.

– Está bem, meu cavaleiro. Quando nos veremos novamente?

– Um mensageiro te avisará.

Lara abaixou a cabeça, entristecida. Vivia na expectativa dos encontros com seu amado, que ocorriam conforme a disponibilidade do nobre cavaleiro.

Edgard pegou-a pelo queixo, fazendo com que olhasse em seus olhos, e disse:

– Não fiques triste. Estarei contigo em breve.

Ela sacudiu a cabeça afirmativamente, porém com o semblante tomado por uma imensa tristeza.

Edgard partiu em seu corcel branco, dessa vez em alta velocidade.

Lara ficou observando seu amado até que ele sumisse de seu raio de visão.

Edgard, já distante da propriedade de Lara, mantinha seu cavalo galopando vagarosamente. Pensava em tudo o que estava acontecendo em sua vida. O amor por aquela camponesa falava mais alto do que a razão.

Ele não poderia, em hipótese alguma, assumir o sentimento que nutria por aquela mulher que, além de camponesa, era uma bruxa fadada e condenada à "marginalidade" naquela sociedade.

Relacionava-se com outras mulheres, com o intuito de manter sua posição social. Mas, mesmo ao lado destas, seu coração e seus pensamentos pertenciam a Lara.

Naquela noite, Lara acendeu algumas velas e evocou algumas forças da natureza pedindo clareza. Desejava encontrar respostas, soluções para o maior dilema de sua vida: o amor, quase impossível, por aquele cavaleiro.

Ajoelhada em frente às velas, rezava e citava ordens mágicas.

Uma mulher em forma etérica, trajando um belo vestido dourado, aproximou-se dela, ficando ao seu lado direito e acompanhando todos os seus movimentos.

Após aquele ritual, Lara dormiu, com a esperança de que no dia vindouro encontrasse a solução para aquele amor mal resolvido.

# Capítulo 2

## Um Encontro, uma Descoberta

Naquela noite, uma grande festa acontecia em uma taberna.

Edgard bebia vinho com outros homens e gargalhava muito.

Relatava a eles suas peripécias com as mulheres, assim como ouvia as deles também.

Falava, obviamente, de suas aventuras, mas nunca citava seu relacionamento com Lara.

Era um relacionamento secreto, mas, ainda que não fosse, ele preservaria daquelas conversas a mulher que realmente amava.

Naquela noite, bebeu mais do que normalmente. Foi levado para casa por três de seus parceiros. Balbuciava, no caminho, frases sem nexo.

Os amigos sorriam para ele e entre si, ironicamente. Não ousavam, em hipóteses alguma, zombar abertamente de Edgard; afinal, além de ser um comandante condecorado da realeza, era implacável com seus inimigos ou com aqueles que o contrariavam.

Foi recebido em casa por sua velha tia, a sra. Mytrew. Fora criado por ela, uma mulher solteira, irmã de seu pai, que passou a ajudar sua mãe a criá-lo, quando *sir* Mitrew – pai de Edgard – falecera em uma batalha. E, em seguida, após a morte de sua mãe, por tuberculose, quando ele ainda tinha 12 anos, assumiu a tutela do menino.

A velha tia Mitrew conduziu Edgard até a banheira, fazendo que o nobre cavaleiro embriagado se despisse, empurrando-o para dentro daquele enorme "barril" de água gelada.

Edgard estava tão embriagado que não reagiu à água fria e adormeceu quase que instantaneamente.

Ficou ali por aproximadamente 40 minutos e, quando acordou, teve a sensação de que havia dormido uma noite inteira.

Durante o breve sono, teve alguns sonhos. Todos o levavam aos campos de batalha, porém o último sonho (e o mais intrigante) foi o que ficou marcado em sua memória assim que acordou.

Nesse sonho, ele se via como se fosse seu próprio "espectador".

Iniciou-se com Edgard em um campo de batalhas, comandando seu bravo exército.

Usava uma túnica vermelha com uma cruz branca atravessando a roupa, de cima a baixo e de lado a lado.

Berrava muito, ordenava para que seus soldados atacassem, duelava (era um exímio espadachim) com alguns de seus inimigos.

Alguns de seus soldados caíam feridos, outros morriam em combate, mas Edgard mantinha-se intacto.

Em meio à batalha, seu exército e o inimigo desapareceram e o sonho mudou de cena.

Ainda montado em seu corcel branco, via Lara à sua frente, sorrindo.

Ela, num misto de amor e ironia, olhava para Edgard e dizia:

– Vê, meu amado, mais uma vez não sofreste um arranhão sequer! E assim será, enquanto fores meu. Mas eu preciso ser tua, Edgard, nunca esqueças disso!

A voz de Lara ficava cada vez mais distante.

Quando acordou, ainda por alguns instantes, podia ouvir a voz de sua amada vindo de muito longe.

Estava preocupado, com dor de cabeça devido à bebida.

Levantou-se, enrolou-se na toalha e foi para seu quarto.

Lá se vestiu, foi até uma cômoda e pegou três velas; de uma gaveta retirou uma caixa de madeira contendo terra. Levou a caixa e as velas até o lado esquerdo do quarto (espaço reservado para pequenas magias em casa, quando necessitava).

Colocou sobre sua "mesa magística" determinada quantidade de terra, em forma de triângulo, fechando aquele espaço mágico com as velas (uma na parte superior, outra no canto inferior direito e outra no canto inferior esquerdo).

Ajoelhou-se, esticou os braços até o chão em X. Em seguida, elevou as mãos para o alto e começou a fazer uma evocação:

"Senhores da Terra e do Fogo, peço que me fortaleçam. Que me mantenham imune de qualquer força que me seja enviada, de onde quer que venha. Reitero aqui meus laços convosco e ofereço minha força e minha obediência."

Seu intuito, com aquela magia, era fortalecer-se, manter-se equilibrado, para que em hipótese alguma fosse atingido por qualquer mal que lhe fosse enviado.

Após finalizar aquela magia, Edgard dirigiu-se à sua cama. Dormiu bem aquela noite.

Na manhã seguinte, sua tia acordou-o cedo.

– Edgard, a refeição está à mesa!

Durante a refeição, ela perguntou:

– Meu amado, como estás te sentindo?

– Estou bem, minha tia, muito bem!

– Não gosto quando bebes da forma que bebeste ontem! Um homem em tua posição deve cuidar bem disso. Não deves chegar em casa daquela forma. Depois, esses outros homens que consideras teus amigos zombam de ti pelas costas. Eu ouço os comentários quando vou às compras.

– Eles não ousam falar isso na minha frente... ou sentirão a força de minha espada!

– E que diferença faz, Edgard? Já sabes que eles falam, só que não na tua frente. Então, por que não paras de beber, meu filho?

Edgard, de forma educada, respondeu:

– Pensarei nisso, minha tia, prometo-lhe!

Um comandante da realeza britânica, um cavaleiro condecorado, um guerreiro implacável, porém um homem fino e educado. Desde a infância, Edgard mostrava essa sua virtude às pessoas.

Após a refeição matinal, montou em seu cavalo e dirigiu-se ao Rio Cam. Recebera, após a última batalha, como prêmio, sete dias de férias.

E, nesses momentos, gostava de estar às margens daquele rio.

Cambridge, uma cidade universitária, possuía, às margens daquele rio inúmeras universidades "costeando-o", tendo apenas uma belíssima vegetação separando os suntuosos prédios das margens do Cam.

Ao chegar lá, amarrou seu cavalo em uma árvore. Ficou por muito tempo olhando para o rio, admirava o horizonte. Imaginava o que poderia haver "além do horizonte...".

O simples fato de estar ali renovava sua alma. Pensou: "Nada melhor do que um contato com a natureza após uma batalha!".

Após certo tempo, um pouco cansado, sentou-se à beira do rio e ficou ali, por mais algum tempo, tentando descobrir o que havia além do horizonte.

Olhou para o rio, para o céu, para o sol e para as nuvens.

Não sabia interpretar, mas sabia que havia uma magia naquilo tudo.

Pensou: "Lara ensinou-me muitas magias, especialmente a manipulação de alguns elementos da natureza, mas não me ensinou o mais essencial. Eu gostaria de ter um contato mais próximo com os deuses da Natureza".

Nesse instante, um espírito aproximou-se dele.

Edgard sentia sua presença, apesar de não saber exatamente do que se tratava; interpretava aquilo como um resultado do "saboroso" contato que mantinha com a Natureza.

O homem, de pele jambo, com uma fina barba negra, tinha aparência de cigano. Vestia uma roupa branca que possuía entre o peito e o plexo solar a figura de um sol amarelo com tonalidade forte, com oito raios distribuídos nos pontos cardeais e colaterais. Às costas, a figura de uma cruz de cor violeta. Na cabeça, um lenço de cor violeta com uma fita branca; no centro da fita, uma estrela de seis pontas vermelha, trespassando sua circunferência.

Ele estava poucos centímetros às costas de Edgard. Imóvel, falou telepaticamente ao nobre cavaleiro:

"Entendas que precisas buscar as respostas para todos esses teus questionamentos. A forma de alcançá-las é mais simples do que imaginas. Encontrarás um compêndio em um local que costumas frequentar. Ele te trará algumas respostas que, por ora, esclarecerão muitas coisas."

Ainda sentado à beira do rio (o lugar onde mais gostava de ficar, pois suas maiores inspirações aconteciam ali), Edgard pensou: "Vou visitar Myrnah. Há muito não conversamos!".

Satisfeito com a rápida apreensão de sua mensagem, aquele "cigano" que ali se encontrava em forma etérica sorriu, desaparecendo em seguida daquele local.

Myrnah era uma velha amiga da mãe de Edgard. Ele gostava de visitá-la, pois considerava seus contatos com aquela mulher uma forma de relembrar sua amada mãe.

A exemplo de Edgard, Myrnah lidava com magia às escondidas, pois sendo viúva de um notório comerciante daquele povoado, não poderia expor seus dotes, para não colocar em risco sua posição social e até mesmo sua vida.

Edgard, obviamente, não conhecia esse lado "oculto" de Myrnah, mas adorava estar em sua companhia.

O nobre cavaleiro era, na verdade, e mesmo sem saber, muito intuitivo.

E, naquela tarde, Edgard foi à casa da velha amiga de sua mãe.

Foi recebido com muita alegria por Myrnah. Ela nutria muita simpatia por ele, que, além de lembrar-lhe da grande amiga que partira, era para aquela solitária mulher uma boa companhia.

– Edgard, meu querido, tua visita deixa-me muito feliz, pois, como sabes, sou uma mulher solitária.

– Myrnah, não deves pensar assim. És uma mulher virtuosa e afortunada. Ou achas que esqueci de teus dotes culinários?

– Pois bem, meu caro, quero que hoje jantes comigo. Prepararei uma bela refeição para nós.

Edgard sorriu, satisfeito.

Conversaram sobre assuntos variados. Myrnah já era viúva havia muitos anos, não tinha filhos e vivia em função da culinária, das roupas que confeccionava e vendia para algumas senhoras da nobreza e, secretamente, para suas "realizações magísticas".

Durante o jantar, Edgard falou:

– Myrnah, tu te manténs ainda muito jovem. Qual é o segredo?

– Obrigada, Edgard! Mas te afirmo que não há segredo, apenas amor pela vida!

– Então, amarei muito minha vida e serei eternamente jovem!

Gargalharam juntos.

Além de saborearem aquela refeição, em uma noite muito especial, os amigos Edgard e Myrnah beberam várias taças de vinho tinto.

– Edgard, aguarda-me, agora vou buscar uma garrafa de vinho de uma safra muito especial, que guardo há muitos anos. Eu havia prometido a mim mesma que a abriria somente em uma ocasião ímpar. Pois é chegada a hora!

Edgard sorriu. Myrnah retirou-se da sala de jantar, dirigindo-se à adega.

Ele se levantou, foi até a janela e ficou olhando a lua. Admirava-a e não percebeu que entre seu corpo e a janela havia uma cômoda, um pouco abaixo de sua cintura.

Meio embriagado, bateu com o joelho na cômoda, fazendo com que uma das gavetas caísse em seu pé direito.

Sentiu uma forte dor, mas se conteve para não gritar.

Olhou para o chão e, ainda com muita dor no pé, abaixou-se para pegar a gaveta e colocá-la no lugar.

Então viu um livro, bastante grosso, que estava emprestando todo o seu peso àquela gaveta.

Visivelmente curioso, pegou o livro, olhando para a capa e lendo o título: *Natureza e Magia*.

Quando começou a folheá-lo, Myrnah adentrou a sala de jantar. Ao ver o livro na mão de Edgard, desesperou-se. Porém, pensou: "Preciso manter a calma, fazer de conta que não é nada demais".

– Venha, Edgard, vamos beber esse vinho especial!

Ele se dirigiu à mesa com o livro na mão. Sentou-se, colocou-o ao seu lado direito, próximo à taça de vinho, e nada falou.

Intrigada, ela procurava agir como se nada de anormal estivesse acontecendo.

Beberam uma taça daquele vinho. Edgard falou:

– Tens razão, Myrnah, esse vinho é maravilhoso! Não o conhecia, mas, agora, passarei a recomendá-lo.

– Que bom que gostaste, querido Edgard!

– Myrnah, me permites uma pergunta?

Com a voz trêmula, ela respondeu:

– Claro, Edgard!

– Enquanto foste buscar o vinho, resolvi ir à janela olhar a lua. Admiro a Natureza, gosto sempre de olhar a lua à noite, o sol nas belas tardes. E, acidentalmente, este livro caiu ao chão. Fiquei curioso por seu título: *Natureza e Magia*. Do que se trata?

Myrnah não sabia o que responder, titubeou, gaguejou por alguns instantes e, com a voz trêmula, respondeu:

– Nada demais, Edgard, na verdade é um livro de receitas apenas!

– Conheço poucas pessoas que cozinham como tu, Myrnah! Na verdade, neste condado, não lembro de alguém que cozinhe tão bem assim. Nem mesmo minha tia! Mas, não creio que precises fazer "mágica" para isso, não é mesmo?!

Ele passou a folhear o livro na frente de Myrnah. Uma atitude impulsionada pelo teor alcoólico já consumido, pois, normalmente, seu cavalheirismo não lhe permitiria tal atrevimento.

Vendo-se embaraçada naquela situação, Myrnah falou:

– Está bem, Edgard, parece que precisarei confiar muito em ti!

Ele olhou firme nos olhos dela e disse:

– Disso podes ter total certeza! Foste uma grande amiga de minha mãe e, só por isso, me tens como teu grande e fiel amigo.

– Fico aliviada em ouvir isso de ti, meu caro, mas é necessário que saibas que o que estás descobrindo é muito grave e precisa manter-se em segredo.

– Já disse que podes confiar em mim. Conta-me tudo.

Myrnah contou detalhada e demoradamente como tudo acontecera em sua vida, desde sua juventude, quando se descobrira "bruxa". E como seu marido lidara com isso, ajudando-a a manter tudo em segredo durante as mais de três décadas em que foram casados

Edgard contou-lhe sobre sua relação com a magia, seu relacionamento com Lara, a bruxa fadada a marginalidade na sociedade de então.

Nascia ali, naquele momento, naquela sala de jantar, uma cumplicidade que levaria a vida de Edgard a um rumo que ele nunca imaginara.

Após alguns dias, em outro jantar, Myrnah presenteou Edgard com um exemplar daquele livro.

O jovem e nobre cavaleiro passava as noites "devorando" aquele manual de magia. Era um livro que, além de fórmulas e receitas mágicas, ensinava a relação de tais magias com elementos da natureza.

Seu desejo, manifestado à beira do rio, em conhecer os "deuses da natureza" passara a concretizar-se com a aquisição daquela obra.

Edgard lia o livro em seu quarto.

A alguns metros às suas costas, o homem "cigano" apareceu novamente. Telepaticamente, falou: 'Muito cuidado com os conhecimentos que virás a adquirir a partir de agora. Deves usá-los sempre com propósitos nobres, nunca com propósitos mesquinhos".

E desapareceu.

Edgard pensou: "Agora, poderei praticar os atos mágicos com mais profundidade, pois conhecerei todos os fundamentos, toda a relação dos elementos com os deuses naturais. Mas devo ter muito cuidado, sinto que não devo extrapolar".

Naquela noite, sonhou que caminhava em um bosque.

À sua frente, parou o cigano.

– Quem és?

– Sou teu Mestre!

– Meu Mestre, mas por que te apresentas aqui para mim? E, se realmente és meu Mestre, deverias ter te apresentado a mim desde minha infância, correto?

– Mas eu me apresentei. Como achas, por exemplo, que chegaste ao livro na casa de Myrnah? Quem achas que te orientou a procurá-la, pois só assim encontrarias o compêndio e chegarias às respostas que se faziam necessárias para a continuidade de tua caminhada?

– Não te entendo!

– Passarás a entender, aos poucos. Agora, é fundamental que atentes para o seguinte: não deves, em hipótese alguma, usar dos conhecimentos magísticos que vais adquirir em função de sentimentos mesquinhos. Use-os somente para teu próprio crescimento. Não te iludas, pois o verdadeiro crescimento é aquele que adquirimos sem prejudicar a terceiros.

Edgard acordou no meio da madrugada, intrigado com aquele sonho.

E pensou: "Meu Deus, aquele homem no sonho... Tenho a sensação de conhecê-lo há muito tempo! Por que ele veio me falar isso? Eu seria incapaz de usar de conhecimentos magísticos para prejudicar quem quer que seja!".

Parado ao lado de Edgard, seu Mestre falou telepaticamente: "Já usavas dos poucos conhecimentos magísticos que tinhas para beneficiar-te nas guerras. O que achas que farás agora que teus conhecimentos estão se ampliando?".

Mesmo sem perceber, aquele questionamento do Mestre invadiu a cabeça e o coração de Edgard que, intrigado, se deitou.

Custou a voltar a dormir. Não conseguia parar de pensar em tudo o que estava acontecendo.

Lembrou-se de Myrnah, de seus diálogos, especialmente após as mútuas revelações feitas entre ambos.

Em sua casa, Myrnah manipulava uma pequena caldeira. Jogava alguns pós naquele recipiente e ateava fogo. Pensou: "Edgard é um ótimo rapaz, posso e preciso ajudá-lo. Porém, não posso perder o controle da situação".

Olhou para o alto, pôs a mão ao queixo e concluiu: "Ensinarei a ele o que for necessário, mas preciso ter muito cuidado. Ele ainda não sabe, mas será um bruxo muito poderoso se assim quiser. E eu não poderei permitir que seja mais poderoso do que eu".

Na manhã seguinte, a sra. Mytrew acordou Edgard. Havia chegado o dia de ele se reapresentar à realeza. Serviu uma bela refeição matinal, que ele saboreou muito satisfeito.

O nobre e jovem cavaleiro despediu-se de sua tia com um longo e sonoro beijo na testa, prometendo voltar em poucos dias.

Montou em seu corcel branco e partiu ao encontro de seu exército.

# Capítulo 3

## Uma Batalha se Aproxima

Lara andava de um lado a outro de seu quarto. Há mais de duas semanas seu amor não mandava mensagens, não fazia chegar a ela algum recado ao menos.

Estava preocupadíssima, porém de mãos atadas. Não tinha nada a fazer, a não ser aguardar por Edgard ou alguma mensagem sua.

Pensou: "Vou até a cidade, quem sabe transitando pelo comércio eu possa conseguir alguma notícia dele?".

Ela sabia que não era bem vista pelos comerciantes. A burguesia e o clero taxaram-na como bruxa, e comerciante algum naquela região a via com bons olhos.

E perguntar a alguém na cidade por Edgard seria assinar a sentença de morte de seu amado.

Porém, Lara nunca fora uma mulher desprovida de coragem. Ao contrário, enfrentava os desafios de cabeça erguida; afinal, se assim não fosse, não permaneceria viva naquela sociedade.

Sabia que seus passos por lá deveriam ser milimetricamente calculados, pois um tropeço mínimo poderia custar-lhe a vida.

Algumas horas depois, estava em meio ao fervilhante comércio de Cambridge. Vestia um enorme casaco preto com um capuz, com o qual tentava cobrir o rosto. Caminhava olhando para o chão.

Entrava de loja em loja, fingia olhar roupas e objetos, mas, "de ouvidos em pé", prestava atenção nas conversas das pessoas, especialmente dos comerciantes.

Edgard era um homem muito bem conceituado naquela localidade, não seria difícil ouvir alguém falando algo sobre ele.

Adentrou uma loja de tecidos, ficou olhando alguns produtos. Em poucos minutos, uma mulher entrou no ambiente, sorrindo e dirigindo-se ao proprietário da loja, que estava encostado ao balcão.

– Boa tarde, Mr. Sevignon!

– Boa tarde, sra. Myrnah!

– Preciso de mais três metros daquele tecido vermelho. O senhor sabe qual é, não é mesmo?

– Claro que sim, sra. Myrnah, como esquecerei as preferências de uma de minhas principais clientes?!

– Sinto-me muito lisonjeada, Mr. Sevignon!

– Não disse nada além da mais pura realidade, sra. Myrnah! Há muitos anos vendo para a sua família.

E, sorrindo maliciosamente, falou:

– E este, a senhora sabe, é o segredo para a "vida eterna" de um bom comerciante!

Myrnah sorriu para o comerciante. E disse:

– Mr. Sevignon, quero convidar o senhor e sua esposa para um chá em minha residência. Gostaria de retribuir ao modo gentil como me trata sempre que venho ao seu estabelecimento.

– Será uma honra para nós, sra. Myrnah! – falou sorrindo o comerciante.

– Eu recebo poucas visitas, sabe, Mr. Sevignon? Depois que fiquei viúva, tenho estado muito sozinha, Então, nos poucos momentos em que há alguma companhia, em que posso dialogar sobre assuntos variados, sinto-me muito feliz, muito mesmo! Há poucos dias, inclusive, para minha surpresa, recebi uma visita inesperada: o filho de uma grande amiga, infelizmente já falecida, esteve lá em casa! Tivemos uma tarde ótima, conversamos muito. E ele até ficou para o jantar!

– Oh, mas que bom esse acontecimento, sra. Myrnah!

– Deve conhecê-lo, Mr. Sevignon, é um jovem bravo, comandante de guerra da realeza...

O comerciante interrompeu-a, dizendo:

– Sra. Myrnah, por um acaso, refere-se à *sir* Edgard Mitrew?

– Exatamente, Mr. Sevignon!

Nesse instante, Lara, que tocava em alguns tecidos que estavam à mostra em outro lado da loja, paralisou e ficou ouvindo atentamente ao diálogo de ambos.

– Esse jovem é um *gentleman*, Mr. Sevignon! Fez-me companhia, jantou comigo e proporcionou-me um dia de muita alegria, talvez o mais alegre dos últimos tempos.

Lara pensou: "O que essa mulher quer com Edgard?".

O comerciante falou:

– Há poucos dias ele partiu para Londres, sra. Myrnah. E, pelo que soube, em missão real.

– Ah, então desejo que seja bem-sucedido e volte logo ao nosso convívio.

O comerciante sorriu e entregou a encomenda para Myrnah, que se despediu e foi embora.

Lara rapidamente saiu daquela loja. Já tinha uma informação de seu amado e precisava estar fora daquele lugar o mais rápido possível. Queria chegar em casa, consultar seu oráculo e, a partir de então, saber o que fazer dali em diante.

Preocupada, ainda a caminho de casa, pensou em muitas hipóteses. Não entendia qual seria a relação daquela mulher mais velha com Edgard. Sim, ela entendera que era amiga de sua falecida mãe, mas, sentira no tom de voz de Myrnah que seu afeto pelo nobre cavaleiro ultrapassava os limites tidos como "normais" numa relação entre um jovem como Edgard e uma mulher da idade de Myrnah.

Pensou: "Estou tomada pelo ciúme, sei disso, mas não consigo ver ou sentir de outra forma. Por que aquela mulher falou de forma tão doce de meu Edgard?".

O coração de Lara, naquele momento, estava banhado em insegurança. "O que poderia ter acontecido no dia em que estiveram juntos?"

Era um pensamento que martelava mais e mais na mente de Lara, que já estava se sentindo mal com toda aquela situação.

Pensou: "Prometo a mim mesma que não chegarei a nenhuma conclusão precipitada. Vou analisar bem os fatos, antes de tomar qualquer providência".

Aquele pensamento ajudou Lara a acalmar-se um pouco, mas não resolveu completamente seu problema.

Ela não titubearia em usar de recursos magísticos, se assim achasse prudente, para afastar aquela mulher da vida de Edgard.

Já em sua casa, correu para um cômodo, onde pegou uma sacola de pano vermelha contendo algumas pedras. Foi até a mesa, sentou-se à cadeira, fechou os olhos concentrando-se, retirou as pedras da sacola, distribuiu-as sobre a mesa em cruz. Eram 13 pedras (três formando o polo norte da cruz, três formando o polo sul, três formando o polo leste, três formando o polo oeste e uma ao centro).

Fechou novamente os olhos, encostou sua mão direita na pedra do centro e, lentamente, foi afastando-a daquela pedra e girando-a no sentido horário por toda a cruz. Aos poucos, ia aumentando a velocidade dos giros com a mão direita. Mantinha a mão esquerda erguida verticalmente para o alto, na linha dos ombros.

Começou a respirar cada vez mais rapidamente. Seu rosto foi tomado por um semblante muito sério. Se ali houvesse, naquele instante, algum observador, veria que ela estava em estado de transe. Sua boca, para quem olhasse, aparentava estar maior do que o normal.

Tomada por aquele semblante sério, manteve-se de olhos fechados e começou a ter algumas visões.

Na primeira visão, viu Edgard em um campo de batalhas, comandando seu exército, com o rosto ensanguentado, visivelmente desesperado, perdido. Ele perdia aquela batalha. Ali, naquele instante, Lara sentiu que seu amado precisava de direcionamento.

Na segunda visão, viu Myrnah, aquela mulher da loja, em um enorme salão de festas, dançando com Edgard e falando coisas ao seu ouvido. Ele sorria bastante e parecia muito satisfeito com aquela companhia.

Na terceira visão, viu-se (como espectadora) discutindo ferozmente com Edgard. Ela cobrava-lhe fidelidade, queria que assumisse seu amor por ela. Ele se esquivava, dizendo que não poderia corresponder àquela sua expectativa.

Lara abriu os olhos, seu semblante voltou "ao normal". E de olhos arregalados, visivelmente preocupada, pensou: "Terei problemas com meu amado Edgard, tenho certeza! Há algo nessa mulher que me faz mal".

Naquela noite, Lara dormiu pouco, teve pesadelos. Todos os sonhos levavam-na a um Edgard preocupado, perdido, desorientado e, algumas vezes, ensanguentado.

Acordou assustada várias vezes naquela madrugada. Na manhã seguinte, passeou por sua horta, tentando extrair da natureza a força que lhe serviria de "combustível" para seguir em frente naquela batalha que se avizinhava e dava indícios de que seria feroz, cansativa e, provavelmente, fatal.

Dirigiu-se até uma árvore, colheu uma maçã. De olhos fechados, pensando em seu amado, mordeu-a. Saboreou aquela maçã, dedicando-a a Edgard e ao amor de ambos.

Voltou para sua casa, preparou uma refeição. Passou aquele dia de um lado para o outro, pensando o que deveria fazer para ter aquele homem definitivamente.

Seu relacionamento com Edgard, por conta da posição de cada um na sociedade, já era enigmático, mas agora, com a entrada daquela mulher, Lara sentia que tomaria proporções dramáticas.

Com todos os problemas que existiam na relação daquele casal, Lara nunca se sentira insegura como estava se sentindo naquele momento. E bastou ouvir uma conversa em uma loja para sentir-se daquela forma. Pensou: "Por que isso está acontecendo agora e dessa forma?".

Não encontrou resposta alguma. Continuou caminhando de um lado para o outro.

Anoiteceu, e Lara ainda inquieta sentia que deveria fazer algo para tirar aquela mulher de seu caminho, da vida de Edgard.

Só que havia um ingrediente que faltava para a composição da receita que Lara montava em sua mente: assim como ela, assim como Edgard, Myrnah também praticava magias em seu benefício.

E, naquele momento, tudo se encaminhava para um desenrolar de conflitos magísticos que nem o mais sábio dos sábios poderia prever onde chegaria.

De um lado, Lara, a bruxa temida pela burguesia e pelo clero. De outro, Myrnah, a senhora bem vista na sociedade que, por trás das "cortinas da vida", era uma bruxa que não media esforços para conquistar o que julgava ser seu de direito. E, entre elas, Edgard, o jovem comandante militar da realeza, mas também um feiticeiro capaz de usar dos recursos que possuía para manter seu *status* e sua posição naquela sociedade.

Mais uma vez, aquele espírito feminino aproximou-se de Lara. Parou ao seu lado direito, fixando o olhar nela.

Lara sentiu aquela presença. Mesmo sem saber quem era, tinha certeza de que havia alguém ali naquele momento.

Pensou: "Tem alguém aqui, quem é?".

A mulher nada pensou, nada falou, apenas sacudiu a cabeça levemente.

E Lara compreendeu que ali havia alguém que lhe trazia uma mensagem. Mas qual seria a mensagem?

Novamente a mulher fixou o olhar em Lara, que sentiu arrepios por todo o corpo. Aquela reação a fez compreender que deveria agir com mais cautela no trato com Edgard, Myrnah e tudo o que estava pensando em fazer.

"Mas eu não vou deixar meu amado escapar. Já temos tantos problemas, quase não nos encontramos, não podemos ficar juntos. Se eu não tirar essa mulher de nosso caminho, corro o sério risco de não vê-lo nunca mais!"

Com o semblante ainda mais sério, a mulher emitiu um olhar fulminante para Lara, que sentiu um frio enorme, como se uma ventania acontecesse somente em volta de seu corpo.

Mas Lara, uma mulher pouco resignada, em voz alta, olhando para cima e para os lados, falou:

– Não adianta, eu vou fazer de tudo para ter Edgard ao meu lado! Não permitirei, em hipótese alguma, que aquela mulher afaste-o de mim. Custe o que custar, ele será meu!

A mulher se afastou, desaparecendo em seguida.

Lara foi até um cômodo de sua casa, onde guardava algumas poções, pegou uma delas, passou em seu pescoço. Pensou: "Minhas fórmulas mágicas me ajudarão a ter clareza e discernimento, a tomar a melhor decisão. Saberei, em pouco tempo, exatamente o que fazer para limpar o caminho que seguirei ao lado de Edgard".

Uma mulher determinada, de temperamento forte, independente, ciente e consciente de seus objetivos: assim era Lara. E quando decidia que tomaria um determinado rumo, nem mesmo Edgard, o amor de sua vida, conseguia fazê-la mudar de opinião.

Sete dias após ter ouvido a conversa na loja, em que Myrnah e Mr. Sevignon falaram sobre Edgard, Lara recebeu uma mensagem. Um jovem lhe entregou um bilhete que dizia: "Lara, *my lady*, estarei chegando de mais uma missão em poucos dias. Espera-me, pois estarei aí, contigo, na primeira noite da lua crescente".

Tomada por uma alegria imensurável, Lara esqueceu por alguns momentos de seus objetivos recém-traçados e passou a pensar somente na chegada de seu amado.

Resolveu, naqueles dias subsequentes, fazer um vestido novo para recebê-lo, preparou uma nova loção, para que ele a sentisse com cheiro de natureza (era como ele gostava de definir os perfumes usados por ela).

E pensou: "Seu olhar me dirá se está me enganando com aquela mulher. Ele é meu e nunca deixará de ser".

Ao lado de Lara, sua mestra, visivelmente preocupada com o rumo que tudo estava tomando, olhava-a com ternura, porém tentando emitir vibrações que a fizessem rumar por outra via.

E assim foi: nos dias que se seguiram, tudo o que Lara fazia era preparar o ambiente para a chegada de Edgard.

# Capítulo 4

## Uma Decisão Importante

Em sua residência, Myrnah, solitária, bebia um chá. Pensou: "Sinto-me muito atraída por aquele rapaz. Sei que estou querendo algo que não é bem visto na sociedade, mas não posso pensar em outra hipótese que não seja a de possuí-lo. Ele é um jovem atraente, forte, de olhar marcante e firme. O olhar dele... é exatamente isso que está me enfeitiçando! É um menino esperto, muito esperto! Ele sabe o que faz com as mulheres. Preciso trazê-lo para minha vida."

Ainda que tivesse noção da "loucura" que seria, para uma viúva que ocupava uma posição de destaque na sociedade, Myrnah não desistia da ideia de ter Edgard para si.

Conhecia-o desde que nascera, porém passou a vê-lo de forma diferente desde o dia em que ele a visitou.

Conhecia algumas fórmulas mágicas eficazes para conquistar um amor, das quais nunca havia usado em benefício próprio, pois fora casada durante muitos anos e amava demais seu marido.

Lembrou-se, porém, que Edgard também possuía conhecimentos magísticos e usava-os em seu benefício sempre que necessitava.

Também lembrou da mulher da qual Edgard lhe falara: "Lara, o nome dessa mulher é Lara! Preciso tirá-la de meu caminho! E, para isso, preciso conhecê-la, aproximar-me dela. Eu me tornarei sua amiga; afinal, sou praticamente uma tia de Edgard!".

Desde o dia em que esteve com Edgard, todos os pensamentos de Myrnah levavam-na a ele.

Após o chá, dedicou-se aos afazeres domésticos, tentava se distrair, mas em momento algum conseguia – por um instante sequer – afastar o jovem comandante de seus pensamentos.

Naquela noite, sonhou com Edgard. Sonhou que dançavam em um belíssimo salão, onde vários nobres, militares e outros integrantes da alta sociedade daquele lugar apreciavam ou dançavam ao som de boa música.

Em determinado momento, apenas ela e Edgard dançavam naquele salão, que estava escuro, sendo iluminado somente no espaço onde dançavam. Ela olhou para o lado direito e, ao fundo do salão, avistou um vulto, parado – conseguiu identificar ser um vulto feminino –, olhando fixamente para os dois. Não conseguiu ver seu rosto, apenas que trajava um vestido preto e possuía silhueta magra.

Acordou preocupada. Levantou-se, foi até o outro lado do quarto, onde, sobre um pequeno cômodo, havia um jarro com água, que serviu em um copo, bebeu em um gole grande, respirou fundo, olhou para o chão, ao seu lado direito, e pensou: "É Lara, tenho certeza! Ela está por perto!".

Visivelmente preocupada, voltou para a cama. Custou a dormir, pois não conseguia parar de lembrar daquele sonho, e via, a cada instante, a cena em que dançavam sozinhos, com o vulto feminino olhando fixamente para eles.

No dia seguinte, resolveu passear no bosque. Foi até um local onde costumava ficar sempre que precisava se "reenergizar".

Sentou-se debaixo de uma árvore, ficou observando os movimentos da natureza. O vento suave balançava as folhas das árvores, alguns pássaros voavam por ali, outros pousavam ao chão, próximo às arvores, alguns pousavam em seus galhos.

Myrnah gostava de estar entre as árvores e os pássaros. O bosque era o ponto da natureza em que se sentia mais forte, como se ali fosse sua casa.

Sentada ali, em sua "casa natural", Myrnah buscava encontrar uma solução para o que estava passando. Seus pensamentos estavam consumindo suas energias. Sentia que aquilo tudo não estava lhe fazendo bem. E, àquela altura da vida, não poderia se enfraquecer de tal forma. Como praticaria suas magias?

Pensou: "Preciso agir com cautela e frieza neste momento. Não posso, em hipótese alguma, permitir que essa situação me consuma".

Uma pomba branca aterrissou à sua frente. Ela ficou olhando aquele pássaro. Pensou: "Mas, por outro lado, o que me impede de lutar por esse amor?".

Olhando para a pomba, ouviu uma voz ao seu ouvido (tinha ali, naquele momento, a nítida sensação de que a pomba falava com ela): "O amor deve ser direcionado a um único objetivo. Se o amor for substituído pela loucura, poderá levar aquele que ama a consequências, muitas vezes, irreversíveis."

Myrnah ficou assustada com aquela situação. Como poderia aquela pomba falar aquilo para ela?

Na verdade, viu a pomba à sua frente, mas não se apercebeu da presença etérica, ao seu lado direito, de um homem alto, magro, cabelo e barba grisalhos, vestindo uma roupa dourada cintilante, portando um cetro branco à mão direita com uma pedra dourada na parte superior.

Era Tavinagh, seu Mestre Mago Tutelar. Normalmente, identificava as irradiações enviadas por ele, mas, naquele momento, estava tão compenetrada em encontrar uma forma de conquistar Edgard que não percebeu sua presença.

Após falar aquilo, o Mestre de Myrnah afastou-se, sumindo por entre as árvores daquele bosque.

Myrnah se levantou, andou alguns metros à frente, ajoelhou-se, abraçou-se a uma árvore e falou:

– Senhor da Floresta, ajude-me a ter o que mais quero neste momento! Ofertar-lhe-ei um enorme banquete, assim que conquistar meu objetivo.

Uma ventania rondou a árvore à qual Myrnah estava abraçada, criando rapidamente um redemoinho, levantando seus longos cabelos. Folhas secas voavam à sua volta, ela sorria. Era um sorriso maléfico, olhos arregalados. Sentia aquele vento tocar sua pele e seus cabelos. Começou a gargalhar cada vez mais alto. E, em voz alta, quase gritando, proferiu:

– Ele será meu! Nada o tirará de mim! Ninguém o tirará de mim!

Voltou a gargalhar bem alto.

O redemoinho passou. Ela, cansada, levantou-se, respirando com dificuldade.

Foi embora daquele bosque.

Já em casa, tinha plena certeza de que sua visita ao bosque servira para fortalecer-se, mas, fundamentalmente, para obter a resposta e a certeza de que ela venceria aquela luta.

E uma coisa que não passava em hipótese alguma pela mente daquela bruxa era perder Edgard para Lara ou para qualquer outra pessoa.

Assim, estava declarada a "guerra" entre Myrnah e Lara.

Duas bruxas, duas feiticeiras, duas mulheres determinadas a lutarem por seu amor, usando todas as armas e dispostas a chegarem, se preciso, às últimas consequências.

Mas havia um ingrediente importante naquela fórmula: Edgard. O que aquele jovem comandante militar da realeza pensaria sobre aquilo tudo? O que faria? Como reagiria? Amava Lara; porém, assumir publicamente seu romance com ela, além de custar-lhe todo o *status* que conquistara, poderia custar-lhe a vida. E, quanto a Myrnah, não a "via" como mulher. Desde o encontro em sua casa, passou a ter interesse nos conhecimentos magísticos da amiga de sua falecida mãe.

Mas Myrnah, uma mulher experiente e inteligente, conseguiria conquistar o coração do jovem Edgard? Conseguiria atrair aquele jovem feiticeiro?

Uma pequena batalha se iniciava, polarizada por duas mulheres conhecedoras de fórmulas mágicas poderosas, tendo como objetivo um homem astuto, esperto e possuidor de uma força semelhante à delas, ainda que não tivesse plena noção disso.

Com certeza, aquela luta cobraria de todos os envolvidos um preço muito alto.

# Capítulo 5

## Mestres em Alerta

Lara aguardava ansiosamente a chegada de seu amante.

Preparou todo o ambiente para recebê-lo, perfumou-se, perfumou também a casa inteira e espalhou rosas vermelhas pelos quatro cantos de todos os cômodos.

Sua felicidade era tanta que, momentaneamente, se esquecera de Myrnah. Só pensava em ver Edgard, abraçá-lo com força, beijá-lo com paixão e intensidade.

Apesar de todos os problemas que viviam, aquele homem proporcionava-lhe muita felicidade e já havia feito, em muitos momentos, Lara sentir-se como uma verdadeira rainha.

Enquanto isso, Edgard cavalgava vagarosamente nos arredores do centro comercial de Cambridge. Muitos homens e mulheres saudavam-no. E aquilo aguçava sua vaidade, fazendo-o sentir-se uma espécie de "rei" daquele local.

Chegou em casa e foi recebido calorosamente pela sra. Mitrew.

– Meu sobrinho amado, como é bom te ver novamente! Fico com o coração na mão toda vez que partes. Vem, meu querido, preparei um banho. Vai, banha-te, depois saboreia a refeição especial, feita para ti. Deves estar imensamente cansado!

– Obrigado, minha tia! Porém, digo que vou sim relaxar meu corpo no banho que preparaste para mim. Mas, partirei em seguida, tenho um compromisso oficial ainda hoje.

– Ainda hoje, meu amado? Mas acabaste de chegar?

– Pois é, minha querida tia, são os deveres de um comandante da realeza. Mas, em breve, retornarei ao lar.

A velha tia de Edgard, visivelmente triste e decepcionada, apenas murmurou:

– Está bem!

Edgard tomou seu banho, saboreou a refeição preparada com afeto por sua tia e partiu em seguida, ao encontro de sua amada.

Ao entardecer, chegou à frente da propriedade de Lara, que já o aguardava à porta, com um sorriso no rosto.

Ele desceu do cavalo, amarrando-o próximo à casa, caminhou em sua direção, já tirando o chapéu e carregando-o na mão direita. Aproximou-se dela, nada falou, puxou-a pelo braço e deu-lhe um longo e apaixonado beijo.

Lara, correspondendo àquele beijo banhado em amor, abraçava com força seu amado. Queria senti-lo colado ao seu corpo. Se fosse possível, absorveria Edgard para dentro de si, para que nunca mais corresse o risco de perdê-lo.

Edgard mirou os olhos de Lara e falou:

– Lara, minha amada, eu precisava ver-te logo. Ou a saudade me mataria!

Ela sorriu, olhou para ele e falou:

– Eu já não sabia mais o que fazer, meu cavaleiro! Custaste a mandar-me notícias, não sabia onde estavas, o que havia te acontecido...

Edgard interrompeu-a:

– Eu estava em uma missão especialíssima da realeza, minha amada. Acompanhei uma comitiva real até a Espanha, para uma visita oficial a fim de selar alguns tratados.

Lara nada falou, apenas olhou no fundo dos olhos de Edgard. Em seguida, disse:

– Venha, meu amado, vamos entrar. Ficaremos mais à vontade.

Adentraram a casa de Lara. Era uma noite fria, ambos sentaram-se ao chão, perto da lareira. Ali conversavam, trocavam beijos, carícias e juras de amor.

Aquecidos pelo calor daquela lareira, abraçados, Edgard mantinha o rosto de Lara apoiado em seu ombro.

Ela levantou a cabeça, olhou no fundo dos olhos dele, acariciou seu rosto, emitiu um suave sorriso e disparou:

– Ainda não me contaste tudo!

– A que te referes, Lara?

– A tudo o que aconteceu nesses últimos dias, em que estivemos distantes um do outro. O que fizeste, por onde estiveste?

– Eu já disse: estive em missão real, acompanhando uma comitiva em viagem à Espanha.

– Mas não fizeste somente isso, creio eu! O que fizeste nos dias que ficaste em Cambridge?

– Eu fiquei poucos dias em Cambridge, Lara!

Ela se levantou, aproximou-se da lareira, pegou um pequeno pedaço de madeira e começou a "brincar" com o fogo.

De costas para Edgard, que olhava curiosamente para ela, perguntou:

– Sabes o que estou fazendo agora?

Ele nada respondeu, aguardando que ela prosseguisse.

Vendo que ele não responderia, ela tratou de falar:

– Estou brincando com fogo, meu cavaleiro!

Virou-se para ele, ainda com o pedaço de madeira na mão, contendo uma pequena chama em sua ponta, olhou ironicamente para a madeira queimando, olhou para Edgard e falou:

– E também acho que é isso que estás fazendo comigo, meu amado! – e jogou o pedaço de madeira em chamas dentro da lareira.

Intrigado, Edgard perguntou:

– Posso saber a que te referes?

– Edgard, meu amado, é preciso que saibas, ou melhor, que sintas no fundo de teu coração, que sou uma mulher inteligente. Não é tão fácil assim me enganar. Creio até que seja bem mais difícil do que imaginas.

– Ainda não te entendo, Lara! Em momento algum menti para ti. Do que estás falando?

– Muito bem, então, se és tão reto e tão virtuoso, responde-me: com quem estiveste antes de partires para a missão real na Espanha?

– Com alguns amigos. Confesso-te que bebemos, festejamos, afinal, havia muito não nos víamos.

– Compreendo. E foi só com eles que estiveste?

Sem titubear, ele falou:

– Não fiz nada de importante naqueles dias, minha amada! Estive com eles e, em outro dia, visitei uma amiga de minha mãe.

– Ah, que ótimo! Quem é essa senhora?

– É Myrnah, oh, digo, sra. Myrnah!

– Sra. Myrnah, mas, parece que tens bastante intimidade com ela, não é mesmo?!

– Lara, eu a conheço desde que era uma tenra criança. Era a melhor amiga de minha mãe, frequentava nossa casa. Várias vezes, fui com minha mãe à casa dela. É apenas isso. Uma senhora, amiga de minha mãe e, por consequência, minha amiga também.

Lara percebeu a sinceridade de seu amado ao falar daquela mulher. Resolveu então se calar e omitir a conversa que ouvira, entre Myrnah e o comerciante, outrora.

Ficou por alguns instantes em silêncio, que foi rapidamente interrompido por Edgard:

– Minha amada, posso saber o que está acontecendo?

– Nada demais, meu cavaleiro! Apenas pensava um pouco. Peço que entendas que fico muito tempo longe de ti, acabo imaginando coisas, nada além disso!

– Lara, minha doce Lara! Não há motivos para tal insegurança. Cá estou, vamos aproveitar esse momento, que é único, que é nosso. Vamos fazer desta a grande noite de nossas vidas. Não há motivos para desconfianças. Se estou contigo é única e exclusivamente porque te amo!

– Eu sei, meu cavaleiro, eu sei! Peço desculpas, sei que exagerei nos questionamentos. Sei que eles não têm fundamento algum.

Apesar do pedido de desculpas, Lara sentia o mesmo peso de antes, no que se referia à Myrnah. Percebera que Edgard não tinha com aquela velha mulher as mesmas intenções que ela tinha para com ele. E isso era confortante, mas, ainda assim, deveria manter-se em estado de alerta para com as atitudes dela.

Naquela noite, amaram-se intensamente.

Edgard permaneceu na companhia de Lara por três dias.

Partiu, no início do quarto dia, alegando ter a necessidade de resolver problemas urgentes em Cambridge.

Lara, com os olhos marejados, despediu-se de seu amado e viu-o sumir, a galope, no horizonte.

Ficou em casa, naquele dia, pensativa. Ainda não sabia o que fazer exatamente para ter aquele homem. E, naquele momento, mais do que nunca, precisava agir, pois havia outra mulher no caminho de ambos.

Sua mestra aproximou-se e soprou algo em seu ouvido.

Lara parou, levou a mão direita à cabeça, voltou a caminhar. Bebeu um pouco d'água e pensou: "Ainda não conheço bem essa mulher, a ponto de saber do que ela é capaz, exatamente. Mas sinto que ela reagirá fortemente à minha presença na vida de Edgard. Sei que terei sérios problemas com ela. Aliás, sei que ela já está agindo para tirar-me da vida dele."

Em seguida, a mestra espiritual emitiu uma vibração mental, que rapidamente ressonou em Lara, que pensou: "Algo me diz que eu não devo agir dessa forma. Entrar em guerra com quem quer que seja, neste momento, pode trazer-me muitos problemas."

Caminhou pela casa, visivelmente preocupada, colocou as mãos na cabeça. Pensou: "O que faço? Também não devo ficar de mãos atadas. Não posso perder meu Edgard, eu não posso viver sem meu cavaleiro!".

A mestra espiritual elevou sua mão direita, emitindo uma vibração na direção de sua tutelada. Lara sentiu, naquele momento, uma sensação de paz. E pensou: "Não devo deixar-me tomar pelo desespero. O melhor que devo fazer agora é descansar. Tentarei esquecer isso tudo, por ora."

Dirigiu-se à sua cama, deitou-se e descansou.

Perto da cama, sua mestra olhava-a, ao seu lado; apareceu o Mestre de Edgard. A Mestra de Lara olhou para ele e, telepaticamente, falou: "A situação se tornará crítica rapidamente, se nada fizermos para revertê-la, Mestre Rhady!".

Ele ficou pensativo por alguns instantes, olhou para Lara dormindo, olhou para sua mestra e, telepaticamente, respondeu: "A única solução que vejo neste momento, Mestra Saynah, é trabalharmos ao lado de Mestre Tavinagh, pois avizinha-se um enredo que envolverá nossos três tutelados, do qual todos poderão sair muito feridos".

"Concordo plenamente, Mestre Rhady! Porém, creio que, mesmo unindo forças em prol de nossas 'crianças', deveremos solicitar ajuda a nossos superiores, Mestres da Luz, ou quem sabe até mesmo às Divindades regentes de nossos tutelados."

Mestre Rhady, telepaticamente, falou: "Tenho pensado nisso também, Mestra Saynah. Vou até mais adiante, acho que deveremos solicitar a ajuda de Tronos Divinos,* além dos que regem as vidas de nossas 'crianças'".

Mestre Saynah sacudiu a cabeça afirmativamente, concordando com Mestre Rhady.

Ambos desapareceram. Lara permaneceu dormindo.

Em sua casa, já em seu quarto, Edgard "estudava" o livro que ganhara de Myrnah.

Pensou: "Há alguns pontos muito interessantes nesta obra. Talvez aqui haja detalhes que até mesmo Lara desconheça, já que seu conhecimento é empírico, adquirido pelo convívio com sua mãe".

A mãe de Lara também fora bruxa e feiticeira. Já viúva, no início do século XVIII, fugira da Suíça, levando consigo sua filha ainda criança, porque era perseguida pela "caça às bruxas" naquele país.

Conseguiu instalar-se na Inglaterra e, por muitos anos, viveu naquela propriedade, nos arredores do condado de Cambridgeshire, praticamente de forma anônima.

Apenas nos últimos anos de sua vida, fora descoberta, e começou a ser incomodada por integrantes de Igrejas Cristãs, que a ameaçavam. Porém, já no início daquele século, a "caça às bruxas" enfraquecia-se na Inglaterra. Mas, se de um lado a "caçada desenfreada" aos praticantes de cultos à natureza perdia forças, o mesmo não ocorria com o preconceito, com a perseguição e a difamação. E era isso que fazia com que Lara, mesmo após a morte de sua mãe, ainda vivesse escondida.

Todo cuidado era pouco naquela sociedade, pois em um pequeno tropeço poderia cair em uma armadilha fatal.

Edgard, pensou: "Acredito que minha amada Lara não seja a melhor pessoa para ajudar-me a esclarecer alguns pontos deste livro. Procurarei Myrnah, ela é mais experiente! Além disso, já estudou este livro, tem mais vivência com magias e saberá colocar-me em contato com os deuses da Natureza".

E, naquele momento, o jovem comandante da realeza britânica decidiu, novamente, procurar a amiga de sua mãe, a fim de aprender mais sobre magia.

# Capítulo 6

## *Myrnah dá um Passo à Frente*

---

Myrnah preparava-se para sair de casa naquele que seria, para ela, um dia muito especial.

Nos dias antecedentes àquele, colheu informações, por intermédio de um jovem mensageiro, que ficava sempre à porta de uma loja de artefatos domésticos, de como chegar à residência de Lara.

E também descobriu, por meio dele, a fama que Lara possuía naquele condado. Pensou: "Deverei aumentar meus cuidados com essa mulher, serei mais cautelosa, minuciosa e observadora. Ela não perceberá minhas intenções, afinal, sou uma mulher madura, amiga da mãe de Edgard, que o viu crescer. Terá de ver em mim uma amiga, uma aliada".

Myrnah não contava com o fato de Lara tê-la visto na loja de tecidos, conversando com Mr. Sevignon, e captado, por meio de suas vibrações, suas intenções com Edgard.

Lara, além de feiticeira, era uma mulher muito esperta. Aprendera com sua mãe que uma bruxa deveria ater-se a todos os detalhes ao conversar com uma pessoa, pois, pelo olhar, por exemplo, poderia captar as intenções e até pensamentos de alguém. Aprendera também com sua mãe a captar, pelos compassos da respiração, durante uma conversa, as intenções da outra pessoa.

Essas "armas" de Lara não eram (ao menos até aquele momento) conhecidas por Myrnah. E Lara (ao menos até aquele momento) não sabia que seu desafeto também dominava "feitiçaria".

Myrnah saiu de casa naquela manhã trajando um vestido preto, tendo ao pescoço um colar que usava como seu amuleto mágico. Um cordão preto que carregava como símbolo, um círculo com um triângulo invertido em seu interior e contendo, no interior do triângulo, uma cobra.

Em sua casa, Lara estava à janela, olhando sua horta. Sentia que algo aconteceria naquele dia, mas não sabia exatamente do que se tratava.

Estava visivelmente preocupada, pois sempre que sentia sensações como aquela coisas não muito agradáveis lhe aconteciam. Porém, tinha plena consciência de que não se tratava de uma "tragédia", apenas um incômodo do qual (apesar de não saber exatamente o que era) conseguiria desvencilhar-se.

O jovem mensageiro que dera a informação a Myrnah, em troca de algumas moedas, conseguiu que um transportador local a levasse, em sua charrete, até bem próximo da propriedade onde Lara residia.

Myrnah mal conhecia os arredores de Cambridgeshire e só saíra daquele condado acompanhada de seu falecido marido, para festas ou outros compromissos sociais em Londres. Casara-se ainda adolescente e vivera, por pouco mais de 30 anos, em função de seu marido, lidas domésticas e compromissos sociais aos quais ele se fazia presente. Agora, aos 55 anos, queria uma nova vida... com Edgard.

Porém, estava tão determinada que pouco se preocupou com quem a levaria e de que forma. Queria chegar logo ao tal lugar e ficar frente a frente com sua "rival".

"Vou eliminá-la da vida de Edgard, nem que isso me custe mil caldeirões!", pensou Myrnah, ainda a bordo da charrete que a transportava.

Sua determinação era tão grande que estava espiritualmente "cega". Não via nada à sua frente e não captava as vibrações emitidas por Mestre Tavinagh.

Sentado ao seu lado, naquela charrete, o espírito guia de sua jornada evolutiva tentava passar à sua tutelada orientações para que agisse com cautela e sabedoria. Para que não tomasse nenhuma atitude que prejudicasse o andamento de sua jornada evolutiva.

Telepaticamente, falou a ela: "Não podes chegar aonde te destinas agora, vibrando sentimentos negativos! Cuidado com isso, pois acabarás prejudicando-te demais! Terás uma queda muito significativa!".

A "intuição" chegou ao mental de Myrnah, que imediatamente (e consciente de que recebera uma mensagem de seu Mestre) rechaçou-o, pensando: "E viver sozinha por mais quanto tempo? Tu, meu Mestre, precisas compreender-me e ajudar-me. Só estou lutando pelo que é meu!".

"A única coisa que é tua, é tua vida, tua jornada evolutiva. Vê o que estás fazendo com ela...!", falou telepaticamente Mestre Tavinagh.

Myrnah preferiu não prosseguir naquele diálogo mental com seu Mestre e manteve-se determinada na intenção de tirar Lara da vida de Edgard e de seu "caminho" a qualquer custo.

Ela era mais experiente do que Edgard e Lara, uma bruxa mais "talhada" nas lidas com os feitiços, especialmente em benefício próprio. E, por conta dessa experiência, ao contrário daquele jovem casal, tinha plena consciência dos poderes que acionava em suas magias e das forças espirituais que a amparavam, conhecendo bem seu Mestre pessoal e tendo com ele uma relação contínua, há muitos anos, por meio da conexão mental.

Naquela manhã, Edgard sentia-se indisposto. Ao ser chamado por sua tia para a refeição matinal, agradeceu, dizendo que estava sem fome, que sairia do quarto mais tarde.

Não sabia o que o incomodava, mas sentia que algo estranho acontecia naquele momento.

Mestre Rhady parou à sua frente, dizendo-lhe telepaticamente: "Estás cansado. Deita e dorme!".

Imediatamente, sentindo-se cansado, Edgard se deitou com a intenção de, por meio do sono, "curar" aquela indisposição.

Sonhou com seu Mestre. Caminhavam por um vastíssimo campo aberto, infinito aos olhos do jovem cavaleiro. Seu Mestre andava ao seu lado direito. Ele olhava para aquele Mestre o tempo inteiro, tentando "desvendá-lo". Era como se andasse com um "Mistério humano" ao seu lado.

Telepaticamente, Mestre Rhady falou:

"Teu olhar questionador merece as respostas que tanto almejas."

"Então, me digas, se és meu Mestre, qual teu nome? E qual função tens, Mestre, em minha vida?"

"Meu nome é Rhady, acompanho-te há muito tempo, muitos séculos, muitas encarnações. Vi trilhares todos os caminhos, em todas as tuas vidas no plano material, orientei-te e te guiei. É certo que nem sempre me ouviste, mas cá estou para mais uma tentativa."

Intrigado, Edgard perguntou telepaticamente:

"O que queres dizer com 'encarnações'? Não compreendo isso!"

"Há muitas coisas que ainda são novas para ti. Escolheste nesta vida um caminho que te preenche satisfazendo tua vaidade. Porém, houve épocas em que te entregaste aos mais nobres valores, na busca por Deus, nosso Pai Maior."

"Mas eu busco Deus!"

"Tens certeza, caro comandante? A quem serves nas batalhas? Com certeza, não é a Deus! Ainda há tempo de te voltares para teu íntimo, descobrires teu verdadeiro valor e tua real missão neste plano da vida humana. Em breve, ficarás em uma encruzilhada em que precisarás fazer uma escolha. Uma escolha múltipla até, em tua vida, porém, dependendo da decisão que tomares, darás um novo rumo para a tua jornada, para algum lugar..."

E, olhando no fundo dos olhos de Edgard, concluiu:

"... Espero que seja para os braços do Pai. Pelo menos é para isto que estou aqui, para ajudar-te a encontrar esse caminho."

Intrigado, Edgard falou telepaticamente:

"Eu não entendo por que falas nesse tom! Eu não faço nem farei nada errado!"

"Tens absoluta certeza disso?", questionou, telepaticamente, Mestre Rhady, que prosseguiu: "Não é o que tenho visto ao longo desta tua encarnação. Estás desvirtuando tua missão por conta da vaidade e da posição social que adquiriste. Deverias usar da condição e posição que recebeste em prol daqueles menos favorecidos no lugar onde vives. Os recursos magísticos que tens (e ainda receberás mais), deverias usar em benefício de teus irmãos, mas usa-os em teu benefício, nas batalhas em que tens como intuito matar semelhantes. Agora, te pergunto novamente: tens certeza de que estás no caminho certo?".

Ainda intrigado, Edgard permaneceu em silêncio. Rhady parou à sua frente, encostou as mãos em seus ombros e falou, olhando no fundo de seus olhos, em alto e bom tom:

– Meu menino, só o amor nos leva de volta ao Pai. É por amor que te guio. É por amor que suplico, agora, que reflitas sobre tudo. Ainda há tempo de reverteres os equívocos até agora cometidos. Ainda há tempo de saíres pela porta de tua casa com a mão estendida para todos que de ti necessitarem.

– Mas eu não sei como fazer isso!

– Eu te ensino. Passa a ouvir tudo o que eu te disser.

– Ouvir-te? Como?

– Do jeito que sempre ouviste, mesmo sem saber que eu te falava. Como, por exemplo, à beira do rio, quando sentiste minha presença e recebeste a intuição de onde encontrarias o livro.

Edgard pôs a mão ao queixo, olhou para o chão.

– Olha para mim! – falou Mestre Rhady. Edgard levantou a cabeça, olhando-o. O Mestre prosseguiu:

– Nos próximos dias, lembrarás do que te direi agora: uma batalha sem armas, diferente das que estás acostumado, se avizinha. Uma batalha sem armas convencionais que pode ser muito mais "fatal" do que todas que já presenciaste. Porque essa será uma batalha de sentimentos nada nobres, uma batalha de vaidades. Cuida-te, protege-te, lembra-te de tudo o que ouviste aqui... e acorda.

Edgard acordou com sua tia à beira da cama.

– Meu querido, vem comer algo, estou preocupada contigo.

– Eu me vestirei e irei, minha tia! Não te preocupes comigo, só estou um pouco cansado.

Edgard se vestiu, fez a refeição matinal, mas se mantinha nitidamente preocupado. Não sabia exatamente por que acordara daquela forma, naquela manhã, e, após o sonho com seu Mestre, ficara ainda mais intrigado.

Pensou: "Preciso visitar Myrnah. Vou procurá-la ainda hoje".

Em sua casa, encostada à janela, olhando para o horizonte, Lara se lembrava de seus mais recentes momentos de amor com Edgard.

Mestra Saynah aproximou-se dela e, telepaticamente, falou:

"Hoje, mais do que nunca, é necessário que uses da sabedoria. Não permitas que sentimentos negativos te conduzam. Se conseguires manter os nobres sentimentos vibrando, não serás atingida. Sobrepõe-te à vaidade, deixando falar mais alto o Amor Divino... e a humildade."

Lara recebeu aquelas palavras como vibrações positivas. Sentia seu coração leve, confortado. Não sabia exatamente que fenômeno era aquele, mas sentia que era algo positivo, que lhe fazia muito bem.

E então, a partir daquele instante, passou a vibrar bons sentimentos. E, naquele momento de sua vida, vibrar bons sentimentos estava indissociado de seu amor por Edgard. Pensava nele, lembrava dos momentos "mágicos" que viveram juntos e sonhava, como uma criança, com o dia em que dividiriam suas vidas.

A alguns metros da casa de Lara, Myrnah desceu da charrete, sendo orientada por seu condutor a seguir em frente, até avistar a primeira propriedade.

Parou à frente do portão, avistando Lara à janela. Intrigada, Lara pensou: "Quem é aquela mulher? O que faz aqui?".

Dirigiu-se até a entrada de sua propriedade, caminhando vagarosamente. Myrnah sorria para ela.

Lara aproximou-se do portão e falou:

– O que desejas, mulher?

Myrnah sorriu, mais uma vez, e falou:

– Vim te visitar, Lara, preciso de teus préstimos.

Lara reconheceu Myrnah, arregalou os olhos, não sabia o que fazer e dizer. Titubeou, gaguejou, mas perguntou:

– Como sabes meu nome? Quem te trouxe até aqui?

– Se pudermos conversar calmamente, conto-te tudo.

Lara achou mais apropriado conversar com Myrnah para entender o que estava acontecendo. Convidou-a a entrar.

Já dentro da casa de Lara, Myrnah olhava para tudo, como que tentando encontrar algo.

Sem meias palavras, Lara perguntou:

– Procuras por algo?

Desajeitada, Myrnah respondeu:

– Não, apenas admiro tua residência, tão rústica, tão simples, mas tão bem cuidada.

– Não creio que tenhas vindo até aqui para admirar meu lar e elogiar-me. Me digas: o que fazes aqui?

Myrnah pensou: "Não será nada fácil lidar com essa mulher. É muito esperta, mas vou conquistar sua confiança".

E falou:

– Lara, há muito sei das dificuldades que passas por conta do que aconteceu com tua mãe. Sei das perseguições. Afirmo que posso te ajudar.

– Mas disseste que precisavas de meus préstimos!

– Sim, eu realmente preciso, mas, em troca, posso te ajudar. Sou viúva de um comerciante muito influente neste condado e também na realeza...

– Onde queres chegar e o que queres de mim?

Naquele momento, Mestra Saynah e Mestre Tavinagh aproximaram-se de suas tuteladas.

Myrnah respondeu:

– Bem, eu sei que lidas com magia. Estou precisando de ajuda para um familiar que está enfermo, mas até então não conseguimos descobrir o que ele realmente tem.

– E vieste até minha casa para pedir isso? Sinto-me honrada, afinal, uma mulher na tua posição social poderia ter pedido isso por intermédio de um mensageiro e não se expor em vir aqui, correndo riscos, pois, se descoberta, pode ter sérios problemas, não é mesmo?

Sem jeito e sem saber o que dizer, Myrnah pensou: "Ela é mais difícil do que eu imaginava!".

Lara rapidamente disparou:

– O que queres com meu Edgard?

Pasma, Myrnah questionou:

– Conheces Edgard Mitrew? Oh, um rapaz tão educado, filho de uma amiga tão querida, que infelizmente já se foi!

– Eu sei que ele representa muito mais do que isso para ti – falou Lara.

– Não te compreendo. Onde pretendes chegar?

– Eu é que te pergunto: onde pretendes chegar? Uma viúva de um notório comerciante explicar-se-á como, perante a sociedade?

Myrnah começou a se irritar, mas procurou se manter como que não entendendo as intenções de Lara.

– Lara, querida...

– Não me chames assim. Não te conheço e não te quero em minha casa.

Mestra Saynah e Mestre Tavinagh colocaram-se entre as duas, cada um de frente para a sua tutelada, emitindo vibrações mentais apassivadoras, para que aquele ríspido diálogo por ali se encerrasse.

Olhando nos olhos de Lara, Myrnah falou:

– Eu não sei como sabes tanto de mim, "bruxa do campo"! Mas te afirmo: eu tenho meus métodos. Acabarei contigo!

– Vai embora! Cuida da tua vida, deixa-me em paz com meu amado!

Já à porta da casa, Myrnah se virou, olhou para Lara e disparou:

– É o que veremos, a partir de agora: quem será mais forte!

Saiu porta afora. Lara, irritadíssima, começou a chorar e berrar. Mestra Saynah aproximou-se dela, estendeu as mãos em sua direção enviando-lhe vibrações tranquilizadoras.

Ela se dirigiu à sua cama, ainda muito triste, sentindo-se enfraquecida. Pensou: "Ela é uma bruxa também. Soube perfeitamente me sugar".

Deitou-se e, rapidamente, dormiu.

Já em sua residência, Myrnah, satisfeita e sentindo-se vitoriosa, bebia um chá. Ao seu lado, Mestre Tavinagh disse-lhe telepaticamente: "Ainda há tempo de reverteres essa situação. Estás conduzindo tudo de forma equivocada, estás trilhando um caminho que, além de errado, não é o teu. Não interfiras em jornadas que não deves. Auxilia sim a esse menino, mas não o tomes para ti."

As palavras daquele Mestre chegaram perfeitamente ao mental de Myrnah, que, apesar de ter recebido a irradiação, preferiu ignorá-la.

No dia seguinte, Myrnah recebeu a visita de Edgard.

O jovem cavaleiro contou-lhe de sua intenção em se aprofundar nas lidas da magia, em conhecer melhor a relação delas com elementos e divindades naturais.

Satisfeita, Myrnah viu aquela como a sua grande oportunidade para conquistar Edgard. Combinou de, em três dias, recebê-lo em sua casa para que, juntos, trabalhassem algumas fórmulas mágicas, a fim de que ele começasse a se ambientar com tais práticas, associando-as ao seu estudo e aos conhecimentos que lhe seriam passados por ela.

Edgard tornou frequente sua presença na casa de Myrnah. Quando não estava a serviço da realeza, encontrava-se com aquela "experiente" bruxa e, a cada dia, aprendia mais sobre magia, adquirindo conhecimento de fórmulas para sua proteção e, também, para eliminar desafetos.

Com o tempo, foram criando uma intimidade tão grande que Myrnah já se sentia à vontade para dar o próximo passo: conquistar o coração de Edgard.

Se, antes, ela tinha alguns receios por conta da diferença de idade que os "separava", agora se sentia segura e até "rejuvenescida" quando estava em sua companhia.

Em uma determinada noite, acompanhou o jovem em um baile anual daquele condado. Dançaram muito. Porém, para todos ali presentes, a respeitadíssima sra. Myrnah acompanhava *sir* Edgar Mitrew, o jovem e solteiro filho da velha amiga, um dos orgulhos daquele condado.

Durante o baile, Myrnah se lembrou do sonho que tivera, em que vira o vulto de Lara olhando-os.

No final daquela noite, Edgard levou a amiga até a porta de sua residência.

Ela olhou para ele e falou:

– Sei que não é apropriado, pois já é muito tarde, mas creio que tenhamos intimidade suficiente para que eu te convide a entrar e tomar comigo um chá que prepararei rapidamente.

– Obrigado, Myrnah, mas, como disseste, já é muito tarde, não é recomendável... e tu precisas descansar!

– Eu não estou cansada, não me negues essa alegria!

– Está bem, eu te acompanho rapidamente nesse chá.

Conversaram um pouco. Myrnah, naquela noite, estava decidida a possuí-lo. Começou a falar de sua solidão, de como se sentia. Lágrimas escorreram de seus olhos. Edgard abraçou a amiga, consolando-a. Ela começou a acariciar sua cabeça, olhou-o nos olhos e beijou-o.

Após o beijo, Edgard se afastou e, sem olhar em seus olhos, falou:

– Perdoa-me, Myrnah, és uma amiga de minha mãe, não deveria ter me aproveitado desse teu momento de fraqueza...

Interrompendo-o, Myrnah falou:

– Não te aproveitaste, eu quis assim. Eu te quero há muito tempo!

Espantado, Edgard nada falou. Ela se aproximou dele, colando seu corpo no dele, e falou:

– Fica comigo!

Beijou-o.

Edgard passou aquela noite com Myrnah.

No meio da madrugada, em sua casa, Lara acordou, respirando aceleradamente e visivelmente cansada. Sentia que algo acontecia e que, a partir daquele momento, teria sérios problemas em sua vida.

# Capítulo 7

## O Mestre Mago Recorre a um Conselheiro

As sensações de Lara, àquela noite, eram estranhas, diferentes de tudo que já sentira.

Passou a maior parte do tempo acordada, preocupada, pensando em seu amado. Sabia que algo "contra o amor de ambos" acontecia naquele momento.

Pensou: "Aquela 'velhaca' tem influência nesse meu sentimento, tenho certeza! Algo ela está fazendo. Edgard ficará sob o controle dela, e eu não posso permitir que isso aconteça."

Lara sempre teve plena consciência de que sua intuição era sua maior "aliada". E não costumava se enganar quando ela aflorava de modo tão pulsante, como acontecia naquela noite.

Na manhã seguinte, em sua horta, mexendo na terra, decidiu que não esperaria mais. Pensou: "Vou tomar logo uma providência, não permitirei que essa mulher tire Edgard de mim".

Naquele instante, ela tinha plena convicção de que, dali para a frente, estava em uma guerra. Não se importava com as consequências, apenas queria Edgard para si.

Em sua casa, Edgard estudava o livro *Natureza e Magia*, além de algumas anotações de suas experiências e estudos ao lado de Myrnah.

Parou por alguns instantes, levou a mão direita ao queixo. Estava intrigado com o que acontecera na noite anterior. Até então, não havia olhado para Myrnah como uma mulher a ser possuída por ele, porém tudo mudara após a intensa noite de amor que tiveram.

Pensou: "Myrnah, apesar de ser tão mais velha do que eu, é uma bela mulher! Há algo nela que eu ainda não havia percebido. Mas eu amo Lara!...".

Parado à sua frente (e, obviamente, sem ser visto por ele), Mestre Rhady falou, telepaticamente: "Encantado e encrencado! Eu avisei para que usasses de sabedoria, que te controlasses. Agora, estás bem no meio da encruzilhada. Mexeste em um caldeirão no qual não deverias ter mexido, 'feiticeiro'! Precisas corrigir o que fizeste, antes que seja tarde demais. Apesar do erro, ainda há tempo. Corrijas isso tudo já!!!!".

Mesmo ainda não possuindo uma conexão tão afinada com seu Mestre e sem saber interpretar corretamente a forma como chegavam, Edgard recebia as irradiações. Pensou: "Lembro-me de que, no último sonho, Mestre Rhady falou-me que, em breve, eu me encontraria numa encruzilhada. O que faço agora? Amo Lara... e Myrnah é praticamente uma 'integrante' da minha família!".

Ainda parado à sua frente, Mestre Rhady voltou a irradiar um pensamento: "Usa da palavra para corrigir tudo. O diálogo aberto resolve, mesmo que fiquem algumas feridas; porém, encerrará uma guerra antes que ela se inicie".

Edgard pensou: "Vou conversar com Myrnah e desculpar-me. Ela me conhece desde que nasci, tenho certeza de que compreenderá."

E, naquele instante, uma mulher trajando um vestido preto esfarrapado, sujo (continha nacos de terra seca em algumas partes, rasgado em outras como se tivessem, essas partes, sido "comidas" por roedores), aproximou-se dele, às suas costas, abaixou a cabeça, quase que encostando a boca em seu ouvido esquerdo, e falou, sussurrando: "Meu querido, não podes desprezar essa mulher experiente, ela te salvará. Usa-a, enquanto puderes, depois dispensa-a. Aprendas tudo o que é necessário e, em seguida, toma o lugar dela. Tu podes, és astuto e poderoso. Só depende de ti!".

Edgard, pensou: "Pensando bem, eu não vou tomar decisão alguma agora. Myrnah está sendo muito útil às minhas ambições. Não posso, neste momento, perder o que ela tem para me oferecer".

Mestre Rhady, naquele instante, na velocidade de um raio parou às costas de seu tutelado e, ficando de frente para aquela mulher trevosa, cruzou os braços na altura do peito e falou:

– Vai embora, Valkyner! Achas que não te conheço? Achas que não tenho observado que tens rondado meu tutelado? Aqui não é teu lugar, vai buscar o caminho da luz. Ajoelha-te e implora pela ajuda do Pai!

Valkyner gargalhou sonoramente:

– Tens noção do que estás me pedindo? Eu estava em meus domínios, recebi um chamado e cá estou, para executar tudo. Além do mais, Senhor Rhady, após o sucesso nessa missão, terei duas ótimas escravas e um belo escravo para me servirem.

Voltou a gargalhar sonoramente:

– Não penses que conseguirás, pois tu não vais! Os Mestres Celestiais e os Divinos Tronos amparam-nos a todos. Não vencerás! Vai, ainda é tempo, coloca tua "força" a serviço de Deus!

Ela sorriu para ele, com a mão esquerda rodopiou seu vestido e desapareceu.

Visivelmente preocupado, Mestre Rhady volitou até um cemitério. À porta daquele campo-santo, recebeu a autorização do Guardião daquele local para adentrar.

Foi caminhando lentamente, observando tudo o que se passava no lado espiritual daquele cemitério, pensando no que exatamente faria para impedir que Edgard se negativasse por demais, pois, se ele perdesse o controle, seu tutelado poderia trilhar um caminho sem volta.

Chegou até um local onde havia uma cruz branca (era o cruzeiro das almas daquele cemitério). Autorizado pelo Guardião daquele espaço, caminhou mais um pouco, chegando até um homem parado à frente da cruz, que vestia uma roupa preta reluzente (uma espécie de batina) e tinha ao peito uma cruz branca; na cabeça usava um chapéu preto grande (era o típico chapéu usado pelos feiticeiros europeus daquela época).

Parou, saudou aquele homem:

– Senhor Mago Mykeval, saúdo sua força e agradeço pela permissão por estar aqui e por sua disposição em me receber!

– Saúdo sua força, Mestre Rhady! O que faz aqui em meus domínios, Mestre Mago da Luz?

– Preciso de alguns esclarecimentos, Senhor Mago Mykeval. E, como sabe, ambos atuamos sob a mesma irradiação, do Divino Trono da Evolução.* É certo que o Senhor Mago Myke-

---

\* *O Divino Trono da Evolução é, na Umbanda, o Sagrado Orixá Obaluayê-Regente do Campo-*

val guarda diretamente esse "ponto de passagens"; eu atuo como Mestre Mago Tutelar, porém sabemos que, quando necessário, estamos em contato. Afinal, ambos, em posições diferentes, atuamos sob os ditames da Justiça Divina e da Lei do Pai.

– Isso é certo, Mestre Rhady, mas, diga-me, no que posso contribuir?

– Há uma situação neste momento, envolvendo meu tutelado, além de outras duas pessoas, que também lidam com magia...

O Senhor Mago Mykeval interrompeu Mestre Rhady, dizendo:

– Permita-me, Mestre Mago da Luz: o homem que está sob sua tutela há muito tempo tem tido altos e baixos durante sua caminhada evolutiva, correto?

– Correto!

– Então, sua maior preocupação é com a possibilidade de ele se desviar tanto que não haja (ou seja muito difícil) o retorno à Luz. Percebo, neste instante, que já é a terceira encarnação em que ele "vacila". Estou correto, Mestre Rhady?

– Está corretíssimo, Senhor Mago Mykeval!

– Também percebo que, em suas duas últimas encarnações anteriores a esta, cedeu às tentações da carne, à vaidade e aos sentimentos mais densos a que um humano pode se entregar. E percebo também que, nesta encarnação, está se encaminhando novamente por essa via. Correto?

– Corretíssimo!

– Se o Mestre Mago da Luz quiser, posso recebê-lo neste domínio, esgotar seus negativismos, encaminhando-o de volta ao senhor, Mestre Rhady!

---

*Santo (Cemitério).*

– Não creio que isso seja necessário, Senhor Mago Mykeval. Apenas gostaria de contar com vossa contribuição na guarda não só dele, mas das outras duas pessoas, pois elas passam por algo similar.

O Senhor Mago Mykeval disse:

– O Mestre Mago da Luz tem agido muito bem, quando não permite que seu tutelado tenha "despertado" em si todo o conhecimento de magia que carrega. Ele pode muito mais do que sabe, porém, se tivesse noção disso, neste momento já estaria perdido em um caminho sem volta e sem luz, Mestre Rhady! Já, as duas bruxas às quais se refere, não tiveram esse "freio" e estão muito mais próximas de suas "essências" na magia do que seu tutelado. Há uma mais velha, bem mais experiente do que seu tutelado e do que a outra bruxa, que está preparando um grande golpe, caríssimo! Faz-se necessário que agregue forças com os Mestres delas. A "guerra", infelizmente, é inevitável, e isso fará com que os três Mestres Magos Tutelares, unidos, "armem-se" para evitar que a densidade puxe seus tutelados para o "embaixo".

– É isso que quero evitar, Senhor Mago Mykeval. Há uma bruxa negativada...

Mais uma vez, Mestre Rhady foi interrompido por Mykeval:

– Valkyner, Mestre Mago da Luz! Se me permite, mais uma vez, interrompo-o. Peço-lhe desculpas, mas faz-se necessário que esclareçamos algo muito importante neste momento.

Naquele instante, apareceu um cetro preto à mão esquerda do Senhor Mago Mykeval. Ele elevou o objeto, projetando-o bem ao alto e, em seguida, bateu-o com muita força ao chão, fazendo com que surgissem ali, ao solo, ondas vibratórias pretas e, em seguida, ondas cinzas. Um buraco se abriu e as ondas trouxeram para aquele local a bruxa Valkyner.

– Solte-me, Senhor Mykeval, eu não lhe devo nada!

– Sempre deve, Senhora Valkyner! A quem está servindo agora? Por que está se envolvendo entre essas bruxas e aquele jovem cavaleiro que habitam o plano material?

– A única coisa que faço, e o senhor sabe muito bem, é responder ao chamado mental desses encarnados. Além do mais, eles têm o que eu preciso.

– Responda-me, agora, ou prendo-a em meus domínios por toda a eternidade!

Mestre Rhady, com os braços cruzados ao peito e com a mão direita ao queixo, observava tudo com atenção. Ele não podia ser visto por ela, pois o Senhor Mago Mykeval, ao ativar aquela magia, envolveu-o em uma tela vibratória protetora eólica para que a bruxa Valkyner não o enxergasse.

Inescrupulosa, Valkyner, a fim de livrar-se daquela "prisão" ativada pelo Senhor Mago Mykeval, pouco se preocupou com o que aconteceria a ela, caso seus "Senhores" naquela missão descobrissem que ela revelara seus nomes. E falou:

– E se eu disser o que quer saber e não for solta?

– A senhora não tem ética, não tem palavra, por isso está onde está. Eu cumpro com o que trato. Fale logo!

– Está bem, Mago Mykeval, estou trabalhando para dois "homens" que o senhor conhece muito bem: Shaly e Dyve.

O Senhor Mago Mykeval, mais uma vez, bateu o cetro com força ao chão, fazendo com que as ondas vibratórias escuras sugassem Valkyner.

Ele olhou para Mestre Rhady e falou:

— Mestre Mago da Luz, creio que o senhor saiba a quem ela se referiu.

— Perfeitamente, Senhor Mago Mykeval. Shaly há séculos persegue meu tutelado. Conviveram como irmãos em uma encarnação na Pérsia. Tiveram alguns desentendimentos. É certo que meu tutelado errou, mas, ainda assim, manteve-se mais próximo da retidão. Shaly, banhado em inveja e negativismos diversos, desceu às trevas, nunca mais se recuperando. Persegue meu tutelado até hoje. Negativou-se tanto que divide sua forma humana com forma de rato. Algumas vezes, assume completamente essa forma bestial. Tem sido muito difícil, Senhor Mykeval, controlar essa e outras perseguições que meu tutelado sofre, pois vem acumulando-as ao longo dos tempos, em sua caminhada.

— Eu sei disso, Mestre Rhady!

— Agora, o outro citado por ela...

— É um mago antigo, viveu na Atlântida, ao lado da bruxa mais velha, que, aliás, o senhor deve saber, é um espírito masculino. Reencarnou desta vez como mulher, a fim de que aprendesse em um corpo feminino a lidar com sua própria brutalidade, que foi crescendo ao longo dos tempos. Além disso, sua forma de tratar as mulheres ao longo das encarnações esteve sempre muito longe da que nosso Pai escreveu como a correta. Mas, pelo que vejo, ela está dando vazão a tudo o que veio corrigir nesta vida, não dando ouvidos a Tavinagh, seu Mestre Mago Tutelar. Ela, ao contrário de seu tutelado e da outra bruxa, tem plena consciência de sua condição nesta vida, porém pouco faz para seguir na trilha reta evolutiva, Mestre Rhady. E, concluindo e respondendo à sua pergunta, Dyve foi um desafeto desse espírito masculino (que hoje é essa bruxa ao qual me referi) na Atlântida, perseguindo-o há muito tempo e querendo agora, nesta encarnação, vê-la sucumbir às faixas vibratórias mais densas, para que, finalmente, encontrem-se, acertem as contas e ele a escravize.

– Esse espírito masculino que hoje vive como uma mulher, à volta de meu tutelado, conheço há alguns séculos, Senhor Mago Mykeval. Já conviveu com meu menino, como sabe, e não guardaram "boas lembranças".

– É por isso, Mestre Rhady, que afirmo: essa "guerra" que se constrói é mais preocupante ainda, pois os magos trevosos que querem vê-los sucumbir usarão dessas lembranças contidas em seus subconscientes para jogarem uns contra os outros e, aí sim, conquistarem seus objetivos.

– Tem razão, Senhor Mago Mykeval! Além disso, quero dizer-lhe que, muito mais do que com seus conselhos, gostaria de contar com sua ajuda pessoal neste caso.

– Mestre Rhady, posso ajudá-los sim. Sirvo ao nosso Divino Trono da Evolução e zelo para que a Lei Maior* e a Justiça Divina** imperem sempre, em qualquer canto da Criação onde eu seja solicitado. Porém, digo-lhe que, antes de qualquer coisa, o senhor deverá unir-se à Senhora Mestra Maga da Luz Saynah e ao Senhor Mestre Tavinagh e, juntos, suplicarem ao Pai que envie suas energias agregadoras, para que, então, possam dar um fim a essa "guerra de vaidades" sem propósito.

– Compreendi perfeitamente, Senhor Mago Mykeval!

– E aí, então, se mesmo assim minha atuação fizer-se necessária, o senhor pode ter certeza de que entrarei em ação.

---

\* *A Lei Maior, na Umbanda, é representada pelo Sagrado Orixá Ogum, de natureza ordenadora.*
\*\* *A Justiça Divina, na Umbanda, é representada pelo Sagrado Orixá Xangô, de natureza equilibradora.*

Mestre Rhady agradeceu ao Mago Mykeval, retirando-se daquele cemitério.

Sentia que o Senhor Mago Mykeval tinha plena razão e, naquele momento, somente a união de forças com os outros mestres, em um trabalho árduo, poderia evitar que seus tutelados se encaminhassem para o "embaixo".

# Capítulo 8

## A Reação de Lara

Há alguns dias, Lara tentava encontrar uma forma de reagir e colocar Myrnah em seu "lugar".

Queria encontrar um modo de atacá-la, pensava em magias que poderia fazer para anulá-la, inutilizá-la. Tomada por uma ira enorme, pensou: "Se preciso, matarei essa mulher!".

Preocupada, Mestra Saynah, ao seu lado direito, enviava-lhe vibrações apassivadoras. Telepaticamente, falou: "Amo-te muito, minha doce menina! Não quero te ver sucumbir! Não cedas à vaidade, vai à horta, mexe na terra, pede ao Divino Trono Cósmico do Conhecimento\* que concentre esses sentimentos, que leve embora toda essa negatividade. Polariza vibrações positivas, elevadas e elevadoras".

Lara respirou fundo, pensou: "Muita calma, Lara! Não conduzas as coisas dessa forma!". Dirigiu-se à horta, regou plantas, mexeu na terra. Aquele movimento fazia-lhe bem, sentia que

---

\* *O Divino Trono Cósmico do Conhecimento é, na Umbanda, representado pela Orixá Obá, polarizada com o Orixá Oxóssi, o Divino Trono Universal do Conhecimento. Define-se por Trono Universal o Orixá de atuação amparadora e, por Trono Cósmico, o Orixá de atuação corretora.*

todo o peso que "carregava" nos ombros descia por seu corpo, como se estivesse sendo sugado pela terra.

Naquele dia, foi às margens do Rio Cam. Lembrava-se de seus momentos com Edgard, ali naquele local. E sentia que aquele contato com as energias naturais estava lhe renovando a alma.

Foi para casa sentindo-se mais leve e dormiu profundamente naquela noite.

No dia seguinte, recebeu de um mensageiro um recado de que Edgard chegaria em três dias. Tomada por uma enorme felicidade, começou a preparar a casa para receber seu amado.

Em sua casa, Myrnah, visivelmente preocupada, pensou: "Eu deveria estar feliz por tudo o que está acontecendo. O menino é meu, está sob meu controle. Mas há algo que me intriga!".

Respirou fundo, olhou para o chão e pensou: "Lara, aquela maldita!!!!!!! Ela está preparando um golpe. Mas, se acha que me derrubará, pobre bruxa, será surpreendida por mim!".

E gargalhou sonoramente.

À sua frente, Mestre Tavinagh estendeu seu cetro branco, emitindo ondas vibratórias de cor magenta* em sua direção.

Myrnah passou a sentir tonturas. Pensou: "Meu Deus, estou passando mal! O que está acontecendo comigo? Aquela bruxa acha que vai me derrubar, mas não conseguirá!".

Mestre Tavinagh, telepaticamente, falou: "Não te deixes cegar! Tudo o que estás sentindo é consequência de teus atos. Não podes usar do vasto conhecimento que tens com finalidades tão mesquinhas. Estou ao teu lado, orientando-te. Já disse, não quero te ver sucumbir!".

---

* *As ondas vibratórias de cor magenta pertencem ao Mistério do Trono Cósmico do Conhecimento.*

Ela se sentou em uma cadeira, pôs as mãos sobre os joelhos e respondeu, telepaticamente, ao seu Mestre: "O senhor acha justo que eu passe por tudo isso, meu Mestre? Estou presa neste corpo. Não me foi dada a chance de escolher outra forma de reparar meus equívocos. Tudo me foi imposto! E agora não posso escolher o que é melhor para mim?".

"Equívocos, eis a chave de tudo! Foi por conta de inúmeros deles que chegaste ao ponto de estares em um corpo que não desejavas. Se tivesses me ouvido anteriormente, o caminho, certamente, seria outro. Agora, deves seguir pelo caminho reto que o Pai te destinou. Ouve a mim! Ainda há tempo de recuares, de desistires disso tudo! Tu és o ponto central dessa "guerra". Só tu podes encerrá-la!".

Myrnah, já recomposta, levantou-se, enxugando suas lágrimas e, em um tom de raiva, berrou:

– Não!!!!!!! Eu não vou desistir, em hipótese alguma! Se, neste momento, nem mesmo meu Mestre Espiritual está ao meu lado, então seguirei sozinha!

E foi exatamente após Myrnah proferir essa frase que Mestre Tavinagh desapareceu daquele ambiente.

Myrnah ficou ali, alimentando seus sentimentos de raiva, soberba, ódio e vingança. A "guerra" começava a tomar proporções inimagináveis.

Três dias se passaram, Edgard chegou à casa de Lara, que o recebeu com muito beijos, carícias, flores por todo o ambiente, e muito amor.

Durante o jantar, conversaram sobre vários assuntos, quando, em determinado momento, Lara olhou para Edgard e perguntou:

– Meu amado, estiveste com Myrnah?

Edgard, assustado, perguntou:

— Por que me perguntas isso, agora?

Lara rechaçou com outro questionamento:

— Por que enrubeceste? Percebo que ficaste desajeitado com uma simples pergunta.

Visivelmente nervoso, Edgard começou a alterar a voz. Disse:

— Eu não entendo por que nunca temos paz em nossos encontros, Lara! Sempre questionas algo!

Lara levantou-se, dirigiu-se para onde Edgard estava sentado, parou ao seu lado direito, colocou as mãos à cintura e falou ironicamente:

— Ora, meu amado, preocupo-me contigo! Gosto de saber tudo o que fazes, por onde andas... — alterou a voz e prosseguiu: — com quem andas?

Edgard levantou-se, jogou o guardanapo ao chão com raiva, caminhou em direção à parede, mantendo-se de costas para Lara, que permaneceu no mesmo lugar, com as mãos à cintura, aguardando a reação daquele cavaleiro.

Ele se virou, olhando com raiva para Lara, com o dedo indicador em riste, começou a berrar:

— Eu faço o possível para manter nosso amor, Lara! Mas tu, mulher, fazes de tudo para tumultuar! Nos vemos tão pouco, e quando estamos juntos, sinto que fazes questão de estragar nossos bons momentos!

Também aos berros, Lara disse:

— Eu não estrago nada, meu amado! Eu vivo em função de tuas vontades. Só nos vemos quando podes, não me assumes como tua mulher. E quando faço uma pergunta, reages dessa forma? Por que essa pergunta te incomodou tanto, meu cavaleiro?

— O que me incomoda, Lara, é tua ironia! Além de teu jeito, quando fazes questão de me cobrar.

Caminhou em direção a ela, pegou-a pelos ombros, sacudiu-a com violência e berrou, olhando em seus olhos:

— Eu não posso te dar o que queres, compreendes agora? Ou me aceitas dessa forma ou sofrerás para sempre!

Lara começou a chorar. Edgard estava transtornado e ela nunca o vira assim. Ele a jogou contra a parede com violência e caminhou em direção à porta.

Lara, desesperada, correu atrás dele, abraçou-o por trás, soluçando com intensidade, pediu:

— Não, meu amado, não vai, preciso de ti! Não podes sair de minha vida. Aquela mulher está conseguindo o que quer.

Irado, Edgard virou-se, olhando com ódio para ela, que o abraçou, tentou beijar sua boca, mas ele se manteve imóvel e sem reação.

Ela falou:

— Eu te amo, Edgard! Suplico-te, não vamos permitir que aquela mulher inescrupulosa nos separe.

Berrando, ele disse:

— Não te dirijas dessa forma a Myrnah! Ela é uma mulher valorosa, é uma grande mulher. Uma mulher que sabe o que faz, que tem me ensinado muito.

De olhos arregalados, Lara acariciou o rosto de Edgard e falou:

— Meu amor, estás cego! Ela está conseguindo nos separar. Acorda, meu cavaleiro!

– Tu estás louca, Lara!

Ela gritou de forma histérica:

– Eu não estou louca, tu é que estás cego!

Edgard deu uma sonora bofetada no rosto de Lara, fazendo com que ela caísse ao chão. Ela colocou as mãos no rosto, chorando copiosamente. Ele recolheu sua espada que ficava à porta, perto da saída, saiu sem fechar a porta, montou em seu corcel branco e disparou em alta velocidade.

Lara ficou ali, ao chão, chorando. Sentia, naquele instante, que perdera seu amor para sempre.

Em sua casa, Myrnah mexia na caldeira, colocava pós, ervas, ateava fogo. Ao lado direito da caldeira, duas velas juntas, coladas uma à outra. Após colocar todos os pós e ervas naquele recipiente, pegou as duas velas acesas e, mantendo-as "coladas" uma à outra, quebrou-as em três partes, jogando-as em seguida na caldeira.

A poucos metros, Mestre Tavinagh observava sua tutelada, visivelmente preocupado, porém, naquele momento, apenas observou e não interviu nas ações de Myrnah.

Edgard entrou em casa praticamente correndo, nem ouviu sua tia cumprimentá-lo, foi para seu quarto.

Estava visivelmente transtornado, mas também confuso. Pensou: "O que está acontecendo? Por que eu cheguei a esse ponto? Bati na mulher que amo. Eu estou ficando doido! O que está acontecendo comigo?".

Mestre Rhady, parado à sua frente, falou telepaticamente: "Estás sucumbindo perante teu ego e tua vaidade. Estás trazendo à tona sentimentos e atitudes que te prejudicaram nas últimas encarnações e contribuíram para que atrasasses tua evolução. Te sentes envaidecido pela condição e o reconhecimento que tens como militar e, agora, queres nutrir tua vaidade com os conhecimentos de magia. Estás trilhando um caminho que, além de não ser o correto, é tortuoso e te levará a um buraco sem fundo. Ainda há tempo de mudares o rumo".

Edgard pensou: "Não sei o que está acontecendo. Vou procurar Myrnah. Só ela pode me ajudar".

Dirigiu-se à porta do quarto, estava decidido a sair de casa naquele momento e procurar Myrnah.

Foi quando Mestre Rhady emitiu uma irradiação telepática, dizendo: "Não procures essa mulher. O fundo do poço está exatamente aí. Precisas recuar neste momento".

Edgard parou em frente à porta do quarto, pensou: "Não vou incomodá-la hoje".

Voltou, parou de costas para a porta, e pensou: "Vou procurá-la sim! Só ela pode me ajudar".

E saiu, naquele instante, rumo à casa de Myrnah.

Mestre Rhady, ali parado, pensou: "Essa tua teimosia te levará ao fim de tudo".

Myrnah recebeu-o feliz. Estava visivelmente satisfeita e sentia-se plena, sabia que suas magias estavam conduzindo a situação a contento.

Conversaram muito naquele dia. Edgard contou-lhe que estava confuso, que não se sentia bem, e implorou pela ajuda da velha bruxa.

Observando tudo atentamente, Mestre Rhady e Mestre Tavinagh, silenciosamente, contemplavam seus tutelados. Sabiam que o desenrolar de tudo aquilo poderia chegar a uma tragédia.

Enquanto Edgard desabafava, Myrnah pensou: "Ele está nas minhas mãos. O controle da situação é meu. Agora, preciso acabar com Lara".

Valkyner, às costas de Myrnah, sorria. Ela se encontrava bem perto daquela bruxa, enquanto seu Mestre, Tavinagh, bem mais afastado, segurava seu cetro branco com a mão direita. Mestre Rhady, às costas de Edgard, observava tudo. Sabia que aquela "guerra", naquele instante, estava desencadeada, não só entre Lara, Edgard e Myrnah, no plano material, mas também e por consequência dos atos daquelas pessoas, no lado espiritual da vida.

Os Mestres Magos da Luz, agora, inevitavelmente, teriam de "armarem-se", ou o destino de seus tutelados poderia ser o pior.

Lara, visivelmente abatida, preparava ao lado externo de sua casa, bem perto da horta, um espaço mágico.

Queria responder a Myrnah à altura, com uma oferta bem "pomposa" aos deuses naturais.

Riscou na terra, com um galho de árvore, um círculo, dentro dele colocou alguns objetos (que não foi permitido serem citados aqui), fechou o círculo com galhos mortos de árvores, ateando fogo neles. Rapidamente, o fogo espalhou-se por todo o espaço mágico. Lara, com as mãos elevadas para o alto, pensava em Myrnah e gargalhava sonoramente. Estava visivelmente transformada, com o semblante tomado por vibrações negativas.

Às suas costas, Valkyner, de braços esticados, enviava densas vibrações ao mental de Lara. À frente da fogueira, Mestra Saynah enviava vibrações sutis e positivas ao mental de sua tutelada.

O fogo tomou conta daquele espaço mágico. Lara ficou tonta, sem forças, e caiu.

Myrnah conversava com Edgard, quando começou a passar mal. Levantou-se, não conseguia manter-se em pé. Pôs a mão na testa e falou:

– Edgard, meu querido, não estou me sentindo bem!

Caiu deitada ao chão. Edgard correu para socorrê-la. Myrnah via tudo embaraçado à sua frente. Falou:

– Foi ela, Edgard, foi ela!

E desmaiou.

Em sua casa, Lara, já recuperada, mas ainda desgastada por conta da magia que fizera, estava deitada em sua cama.

Pensou: "Eu tive energias sugadas, mas tenho certeza de que dei uma bela lição naquela bruxa. Ela não tirará Edgard de mim".

Aos pés da cama, Mestra Saynah observava sua tutelada. Mestre Rhady e Mestre Tavinagh apareceram ao lado dela.

Entreolharam-se, nada falaram um ao outro, não trocaram irradiações telepáticas. Porém, naquele momento, todos sabiam que só havia um caminho a seguir para que pudessem dar um fim àquela situação.

# Capítulo 9

## No Santuário Natural

Mestre Rhady, Mestra Saynah e Mestre Tavinagh encontravam-se em frente a uma cachoeira.

O momento era de imensa preocupação para aqueles Mestres Magos da Luz que, naquele santuário natural, tentariam obter respostas e caminhos para a situação em que seus tutelados se encontravam.

Mestra Saynah colocou-se à frente e, telepaticamente, falou: "Meu senhores, sabemos que, agora, somente com o auxílio dos Divinos Tronos, Regentes da Natureza Mãe, teremos forças para auxiliar nossas 'crianças'".

Mestre Tavinagh, telepaticamente, disse: "Deveremos, então, encontrar essa solução, antes que seja tarde demais".

Mestre Rhady retrucou: "Meus irmãos, vós sabeis que sou sempre um otimista, porém, confesso, não tenho visto entre nossos tutelados a vontade de 'crescer' internamente".

Os três Mestres Espirituais ajoelharam-se à frente daquela cachoeira, conectando-se mentalmente com Deus, Seus Divinos Tronos e, finalmente, com o Sagrado Trono do Amor,* Regente daquele ponto de forças natural.

Após alguns instantes, um portal se abriu à frente deles. Levantaram-se, dirigindo-se a ele, e o atravessaram.

Adentraram o lado etérico daquele santuário natural.

Em seu lado espiritual, aquele ponto de forças da natureza era muito mais belo. Com cores mais vivas, possuía fontes geradoras de energia irradiantes.**

Os três Mestres Magos Tutelares, assim que adentraram aquele ambiente, foram recebidos por um Guardião Natural*** que, para um desavisado, poderia ser confundido com um extraterrestre. Porém, era um ser com formação anatômica semelhante à de um ser humano, visivelmente envolvido por energia mineral, tinha aparência levemente petrificada, possuía orelhas maiores que as de um humano, boca um pouco maior que a de um humano, dedos longos nas mãos e nos pés. Um ser natural, habitante de uma dimensão paralela à dimensão humana planetária. Aquela dimensão, comandada pela Senhora do Amor, era um "reino" das pedras.

Imediatamente, encaminhou os Mestres Magos ao local onde seriam recebidos pela "Rainha" daquele domínio.

Caminhava à frente dos Mestres Espirituais humanos, que se mantinham profundamente concentrados, conectados men-

---

\* O Sagrado Trono do Amor é, na Umbanda, representado pela Orixá Oxum.

\*\* Uma espécie de chafariz que transporta energias da dimensão material para a dimensão natural e vice-versa. As dimensões naturais, paralelas à material humana, situam-se no lado etérico dos pontos de forças da Natureza.

\*\*\* Esse Guardião Natural é o responsável pela "guarda" de entrada e saída daquele "Reino". Na Umbanda, é definido como um ser natural sob a irradiação do Orixá Exu que guarda o Reino das Pedras. Ou um Exu das Pedras, um Exu de Oxum ou Exu de Oxum das Pedras.

talmente com Deus e com as Divindades Regentes e Guardiãs daquele lugar. Demonstravam enorme respeito àquele ambiente, como quem adentra um templo "religioso".

O Guardião parou em frente a uma cachoeira de água límpida e cintilante.

Em poucos instantes, um pequeno portal abriu-se e, em frente à corredeira, por sobre o "rio", surgiu um trono multicolorido. Sentada ao trono, uma bela "mulher". Possuía pele negra, trajava um belo e reluzente vestido azul-claro, um olhar maternal, porém com um toque de sensualidade.

O Guardião e os Mestres Magos humanos ajoelharam-se.

Telepaticamente, o Senhor Guardião saudou a divindade, pedindo-lhe permissão para dirigir-se a ela. Em seguida, apresentou seus "irmãos humanos".

Apenas com o olhar, aquela divindade autorizou a permanência de Mestra Saynah, Mestre Tavinagh e Mestre Rhady em seu "Reino".

Imediatamente, o Guardião retirou-se. Telepaticamente, a Divina Senhora do Amor falou:

"Sejam bem-vindos ao meu Reino, filhos amados! Percebo que estão aqui em uma árdua missão. Sei que meus filhos que se encontram sob vossas tutelas, infelizmente, estão cedendo ao negativismo humano, dificultando bastante vossos trabalhos. Sei que vós procurais amparo e auxílio dos Poderes Divinos* com a intenção de evitar que se negativem por demais. E querem resolver isso o quanto antes... antes que seja tarde!".

Ela olhou para seu lado direito e, imediatamente, surgiu um "homem" negro, forte, trajando roupa azul-escura, com

---

\* *Poderes Divinos, na Umbanda, são os Sagrados Orixás, os Poderes Manifestados de Olorum (Deus).*

uma espada de ouro ao lado direito de sua cintura, montado em um cavalo branco. Telepaticamente, ela prosseguiu: "Meus filhos, o Sagrado Trono da Lei, aqui representado por esse Senhor Ordenador,* vigia, neste momento, seus tutelados. É preciso que saibam que não fugirão de sua espada, pois já estão cometendo equívocos que desrespeitam os desígnios de nosso Pai e Criador. Porém, com o amparo do Senhor Ordenador e aplicador da Lei Divina, vós tereis mais condições e "força" para prosseguir com o trabalho que desenvolveis, como Magos, como Mestres Tutelares e Protetores desses filhos de Deus".

Do lado direito de seu Trono energético, a Senhora do Amor fez surgir um cajado de ouro, estendeu-o na direção dos Mestres Magos da Luz, fazendo com que emitisse ondas vibratórias multicoloridas, todas penetrando através do mental daqueles magos e banhando seus corpos espirituais. Telepaticamente, ela falou: "Banho meus filhos, neste momento, com energias agregadoras, para que as usem, em benefício de seus tutelados nessa batalha que se aproxima".

Ela olhou para o Senhor da Ordem, que, na velocidade de um raio, desceu de seu cavalo e aproximou-se dos três magos, encostando sua espada no mental de cada um, banhando seus corpos espirituais com energias multicoloridas. Telepaticamente, falou: "Banho estes filhos de Deus com energias vivas e divinas do Sagrado Trono da Lei, nomeando-os, neste instante, servidores da Lei Maior em benefício de seus tutelados. Se a batalha é inevitável, a partir de agora, saibam que terão o amparo da Lei do Pai para que atuem sempre em Seu Sagrado Nome".

Ele se afastou, na velocidade de um raio, voltando a montar em seu cavalo.

---

* *Senhor Ordenador, na Umbanda, é o Sagrado Orixá Ogum.*

A Senhora do Amor olhou para seu lado esquerdo, quando surgiu um homem negro, com vestes coloridas. À sua volta, sete cobras rondavam-no sincronizadamente, como se estivessem dançando ao seu redor.

Telepaticamente, ela falou: "Agora, filhos de Deus, serão imantados pelo Divino Trono Cósmico do Amor".*

Ele se aproximou dos três magos. As sete cobras passaram a rodar sincronizadamente à volta dos Mestres Espirituais humanos e, enquanto se movimentavam, ondas vibratórias multicoloridas subiam até seus mentais, descendo por seus corpos espirituais e banhando-os por completo. Quem pudesse assistir àquela cena diria que seus corpos espirituais estavam rodeados e banhados por um arco-íris localizado.

Telepaticamente, ele falou: "Filhos de Deus, recebam agora energias diluidoras de negativismos, renovadoras de 'almas'. A negativação que ocorre no Sentido do Amor, então, será diluída e renovada. E, reiniciando suas caminhadas, vossos tutelados receberão mais uma oportunidade para consertarem seus equívocos e reverem suas jornadas".

Ajoelhados naquele santuário natural, Mestre Rhady, Mestre Saynah e Mestre Tavinagh recebiam aquelas energias vivas e divinas, com os braços estendidos para o alto, sem olhar para a frente em momento algum, em um claro ato de reverência, fé e amor a Deus e suas divindades.

Telepaticamente, ouviram: "Podem levantar!".

Olharam para a frente, já não estavam mais ali as divindades. O portal se fechara e, à frente deles, o Guardião daquele "Reino das Pedras e do Amor" aguardava-os.

---

\* *O Divino Trono Cósmico do Amor, na Umbanda, é o Sagrado Orixá Oxumaré. A Sagrada Orixá Oxum polariza com ele, sendo o Divino Trono Universal do Amor.*

Levantaram-se e foram conduzidos pelo Guardião à saída daquele santuário. Atravessaram o portal, chegando novamente à beira do rio, da cachoeira onde haviam se encontrado, no lado material daquele ponto de forças da Natureza.

Mestre Rhady iniciou um diálogo:

– Meu irmãos, sinto que agora teremos mais condições para trabalhar em prol de nossos tutelados, mas, também, deveremos ser incansáveis. É o único modo de obtermos êxito.

– E obteremos, Mestre Rhady, meu amado irmão! – falou Mestra Saynah.

– Deveremos ser sim incansáveis, Mestre Rhady, persistentes, pois, por tudo o que tenho visto, sei que não será fácil. Minha tutelada não quer mais me escutar. Porém, o mais preocupante nessa situação é a atuação dos espíritos lá de "baixo". Eles não pararão em momento algum.

Mestre Rhady falou:

– Não pararão, meu irmão, Mestre Tavinagh, mas nós também não pararemos, não desistiremos! Estaremos, a partir de agora, juntos mentalmente, incansáveis na defesa de nossos tutelados!

Mestra Saynah falou:

– Acabamos de receber amparo divino, uma força que eles não conhecem, não têm acesso, pois optaram pelo caminho da ignorância.

Os três Magos sorriram e, naquele instante, em frente à cachoeira, estenderam as mãos, cruzando-as e selando ali um pacto de forças entre Magos, na defesa de seus tutelados, amparados por Deus e Seus Divinos Tronos.

# Capítulo 10

## O Avanço do "Embaixo"

---

Naquela manhã ensolarada, Lara caminhava à beira do Rio Cam. Lembrava-se dos seus melhores momentos ao lado de Edgard. À beira daquele rio, por inúmeras vezes correram, sorriram, brincaram... e se amaram.

Uma força que vinha de seu íntimo dizia-lhe para não desanimar, pois, ao final, seria vencedora. Ao seu lado, Mestra Saynah enviava-lhe irradiações telepáticas com o intuito de banhar o mental de sua tutelada com pensamentos nobres e virtuosos.

E Lara correspondia às irradiações emitidas por sua Mestra. Sentou-se à beira do rio, olhava fixamente para a água, via sua imagem. Procurava ali respostas para tudo o que estava acontecendo.

Mestra Saynah enviou uma irradiação telepática que, naquele momento, chegou "sonoramente" aos ouvidos de Lara: "Mantenha-te calma! A única coisa que deves fazer agora é preservar-te, cuidar-te, defender-te. Ceder às baixas vibrações pode dar-te a falsa sensação de vitória, mas elas apenas te encaminharão para uma escravidão, da qual podes nunca mais retornar. Isso sem contar o desgaste energético, que sentiste bem na pele, após a última realização mágica".

Ela ouviu com atenção o que sua Mestra lhe dissera, olhou para a água e, em vez de sua imagem, viu Mestra Saynah. Assustou-se, porém recompôs-se em poucos segundos.

"Não deves te assustar comigo, minha amada! Envolve-te em tranquilidade, e não tomes o rumo da negatividade."

Lara, sentada à margem do Rio Cam, perplexa, olhava fixamente para a imagem de sua Mestra. Admirava sua beleza.

Mestra Saynah, telepaticamente, indagou: "O que queres me perguntar?".

Lara, telepaticamente, perguntou: "Qual é teu nome?".

Ao que, imediatamente, ela respondeu: "Sou Mestra Saynah. Acompanho-te há muito tempo. Desde um tempo em que nem imaginas ter vivido. Sou quem te orienta em tua jornada evolutiva, mas também aquela que está sempre ao teu lado em tuas realizações magísticas, mesmo quando elas são equivocadas, como aliás têm sido ultimamente!"

"E o que devo fazer agora, minha Mestra amada?", questionou Lara.

"Deves, como já te disse, usar da inteligência da qual és dotada, de sabedoria, e não agir mais negativamente. Chega! É preciso que pares com isso tudo!

"Mas eu amo meu cavaleiro, minha Mestra!"

"Ama-te a ti mesma, em primeiro lugar. Não deves sucumbir às trevas por conta de um amor. Tens certeza de que esse amor vale este risco todo?"

Pasma, de olhos arregalados, após ouvir as palavras de sua Mestra, Lara, ainda olhando para a imagem dela refletida na água, perguntou: "Por que tudo é tão difícil para nós dois?".

Imediatamente, a Mestra respondeu: "Minha pequena cigana, se tivesses de saber tudo o que já passaste, todos os equívocos que já cometeste em outros momentos em que viveste no plano material da vida humana, agora, garanto-te, estarias no mínimo à beira da loucura."

Intrigada, Lara continuava olhando para a imagem de sua Mestra Tutelar, na água. Saynah prosseguiu: "Tudo o que não podes e não deves fazer agora é reproduzires os erros de outras encarnações. E, se não podes saber exatamente quais e como foram, posso dizer-te que foram atos muito parecidos com os que estás realizando agora e também com aqueles que estás pensando em realizar, por conta desse amor que vives. Posso dizer-te, também, que teu encontro com esse homem, mais uma vez, está ocorrendo de uma forma tumultuada".

Lara compreendera a intenção e as palavras de sua Mestra. E perguntou: "Então, significa que eu não devo reproduzir meus erros! Mas por que, então, meus encontros com Edgard sempre são tumultuados? Por que nunca dá certo?".

"Minha menina, é preciso que entendas que a vida no plano material, na carne, é uma bênção de nosso Pai, para que os espíritos humanos aprendam e evoluam. Porém, simplesmente, o que tem ocorrido, em muitos casos, é o oposto disso. Mas, respondendo-te, digo: paciência, tolerância, compreensão e humildade, minha pequena cigana! Se houvesse, de ambas as partes, a combinação dessas quatro palavras, com certeza, não teriam chegado aqui, nesse momento da jornada evolutiva, da forma que chegaram."

Lara, intrigada, ensaiou uma nova pergunta, mas olhou para a água e lá não mais estava sua orientadora espiritual. Via, novamente, sua própria imagem.

Levantou-se e voltou a caminhar à beira daquele rio. Olhava para o sol, para a vasta vegetação que costeava o Rio Cam e tornava aquela paisagem ainda mais bela. Via, atrás das árvores, prédios de algumas universidades.

Lara estudara pouco, porém adquirira muitos conhecimentos (especialmente de magia), devorando os livros de sua mãe. Tinha curiosidade em conhecer um *college* (universidades inglesas eram chamadas assim naquela época). Certa vez, até pensara em pedir a Edgard que a levasse para conhecer Peterhouse (uma universidade antiquíssima, fundada em 1248), ou, até mesmo, a Corpus Christi (outra tradicional universidade do condado de Cambridgeshire). Mas receou ouvir uma negativa de seu amado. Sabia que, devido à sua posição social, ele não poderia ser visto com ela em ambientes públicos.

Era a situação que mais a entristecia. Sentia-se humilhada.

Aproveitando a queda vibracional de Lara, Valkyner aproximou-se, parou atrás dela, perto de seu ombro esquerdo, encostou a boca ao seu ouvido e falou: "Aquela bruxa inescrupulosa vai levar teu amado embora. Vais permitir isso? Lutas tanto e há tanto tempo por ele e vais permitir agora que aquela mulher o leve?".

Lara parou por alguns instantes, seu coração foi tomado por uma raiva enorme. Sentia-se densa, pesada. Desejava, naquele momento, acabar com Myrnah.

Imaginou-se enforcando a rival. E, aproveitando o momento propício, Valkyner falou ao seu ouvido:

– Arranca suas vísceras!

Lara estava se transformando; seu semblante, que há poucos instantes era pacífico, estava dando lugar a um rosto assustador.

Pensou: "Não há outro jeito. Vou acabar com essa mulher e Edgard será meu para sempre!".

Valkyner falou:

– Acaba com ele também!

Lara recebeu aquela irradiação, mas imediatamente a rechaçou. Em hipótese alguma cogitava aquela possibilidade.

Em sua casa, Myrnah, tomada por um ódio profundo por Lara (tinha total certeza de que o que passara no dia anterior fora provocado pela "bruxa camponesa"), consultava alguns livros com fórmulas e receitas mágicas. Desejava encontrar algo que acabasse com a vida de Lara, rapidamente.

Pensou: "Se depender de mim, ela não acordará viva amanhã, ou melhor, ela não deitará para dormir hoje... deitará para sempre!".

Valkyner, às suas costas, falou: "Ela não deve ser um empecilho para ti! És uma profunda conhecedora da magia! Acaba logo com ela!".

Mestre Tavinagh parou à frente de Valkyner, esticou seu cetro na direção daquela bruxa maléfica, mantendo-o muito próximo de seu peito, e falou:

– Já temos problemas suficientes. Some daqui, agora!

Valkyner soltou uma imensa e sonora gargalhada. E falou:

– Mestre Tavinagh, o que o senhor faz aqui? Não sabe que "minha menina" não o quer mais por aqui?

– É preciso que saibas que tua menina ela nunca foi e nunca será. Vai embora!

Valkyner sorriu e falou:

– Eu vou sim, mas vou porque já consegui o que precisava aqui. Volto mais tarde!

Rodopiou o vestido e desapareceu daquele ambiente.

Mestre Tavinagh tentou, em vão, uma conexão com sua tutelada, mas seu mental estava bloqueado para as "interferências" de seu Mestre.

Ele pensou: "De todos os envolvidos nessa situação, minha 'criança' é a que está se encaminhando mais rapidamente para o 'embaixo'".

Lágrimas verteram de seus olhos. Ele abaixou a cabeça, segurou seu cetro firmemente com ambas as mãos e desapareceu daquele local.

A noite caiu e Edgard se encontrava em uma taberna. Bebia vinho e pensava em tudo o que estava acontecendo em sua vida. Sentia saudades de Lara, mas não tinha coragem de procurá-la após o que acontecera no último encontro entre eles.

Alguns "amigos" de Edgard se encontravam naquele ambiente, mas, vendo seu semblante e conhecendo seu temperamento, naquela noite não ousaram se aproximar.

Bebeu três garrafas de vinho sozinho. Levantou a cabeça para pedir mais uma garrafa e viu, entre seus "amigos", um homem que sorria muito, porém olhava para o grupo, e não para ele.

Ele berrou:

– Ei!

Ninguém olhou para ele. Continuaram conversando e gargalhando sonoramente.

Novamente, ele berrou:

– Ei, não estás me ouvindo? Preferes ouvir o fino som de minha espada?

Todos daquele grupo, que estavam em pé, encostados ao balcão, imediatamente olharam para Edgard.

Ele se levantou, chutou a mesa jogando-a para o lado esquerdo, e falou:

– É a ti que me dirijo, meu rapaz!

O mais recente "desafeto" de Edgard era Joseph, um fazendeiro escocês que periodicamente ia a Cambridge, a negócios.

Joseph falou:

– Não te compreendo! Posso saber, primeiramente, de onde nos conhecemos?

– Gostaria de saber o mesmo, nobre homem, afinal não paraste de olhar para mim com ar irônico o tempo todo em que estás neste ambiente!

– Em momento algum dirigi meu olhar a ti, cavaleiro!

Edgard, tomado por uma raiva enorme, puxou sua espada.

Nesse instante, às suas costas, surgiu Valkyner, que disse, ao pé de seu ouvido esquerdo:

– Vai lá e acaba com ele!

Mestre Rhady parou à sua frente, cruzou os braços. E foi nesse instante que Edgard parou, titubeou e pensou em não prosseguir com aquela insanidade.

Porém, aos seus pés, surgiu um rato enorme, que sorria, gargalhava e corria à sua volta.

Edgard avançou para cima daquele homem, encostou a espada em sua garganta e falou:

– Se eu te matar aqui, terei problemas, mas, na condição de cavaleiro da realeza, chamo-te agora para um duelo, em uma hora, à beira do Rio Cam, perto da Peterhouse.

Saiu desarvorado daquela taberna e, quando chegou à porta, virou-se e falou a todos:

– E quem acompanhá-lo, morrerá também!

Todos ali, de olhos arregalados, entreolharam-se.

Joseph foi ao encontro marcado. Empunhava também uma espada, mas estava visivelmente nervoso.

Edgard fora acompanhado pelo rato durante todo o trajeto até o ponto de encontro.

Valkyner andava perto dele também. Mestre Rhady acompanhava-o.

O Mestre Mago Tutelar de Edgard estava visivelmente preocupado, quando, ao seu lado, surgiu um homem magro, vestindo roupa preta, um lenço preto à cabeça. Falou:

– Mestre Rhady, sou o Mago Alxiv, sirvo ao Senhor Mago Mykeval. Fui designado para acompanhá-lo. E tenho uma mensagem do Mestre Mago Mykeval para o senhor.

– Por favor, transmita-me essa mensagem – falou Mestre Rhady, visivelmente abatido.

O Mago Alxiv abriu ali um pergaminho, que passou a ler:

– "Caríssimo irmão Mestre da Luz, Mago Rhady! Sei que o momento é delicadíssimo, mas peço que se mantenha tranquilo. O senhor está isento de qualquer categoria de culpa nesse caso. Tem feito o que pode e até além disso, para conduzir da melhor forma a jornada desse homem, que não valoriza seus esforços; aliás, digo melhor, não valoriza a própria vida que lhe foi dada com tanto amor por nosso Pai Divino. O que está prestes a acontecer é inevitável. Trabalhe para diminuir ao máximo que puder essa tragédia. Mago Alxiv está aí para auxiliá-lo. Conte com a força da Lei Maior!

Mestre Mago Mykeval"

Mestre Rhady respirou fundo e agradeceu ao Mago Alxiv.

Lado a lado, Mestre Rhady e o Mago Alxiv acompanhavam todos os passos de Edgard. Shaly (o rato) e Valkyner, encostados no jovem cavaleiro, andavam e agiam como se os Magos Rhady e Alxiv não estivessem ali.

Alxiv olhou para Mestre Rhady e falou:

– Sei bem, e compreendo o que o senhor sente nesse momento, Mestre Rhady. Mas saiba que essa sensação de impotência é fruto da negativação buscada e adquirida por seu tutelado. O senhor não tem parcela alguma de culpa nisso.

Mestre Rhady respirou fundo e nada falou.

Edgard chegou ao ponto marcado com Joseph, à beira do Rio Cam, perto da Peterhouse.

O homem, visivelmente nervoso, nada falou.

Valkyner parou atrás do homem. Shaly corria à volta de Edgard. Mestre Rhady e o Mago Alxiv se aproximaram de Edgard, ficando às suas costas. Mestre Rhady ainda tentou estender a mão, para impedir.

Alxiv falou:

– É inútil tentar algo agora, Mestre Mago da Luz, infelizmente! Ele já se encaminhou para isso, fez sua escolha.

Edgard, como um touro indomável, partiu para cima de Joseph, não dando chances àquele homem, degolando-o com sua espada em um único golpe.

O homem caiu ao chão.

Mestre Rhady abaixou a cabeça, chorava copiosamente.

Tudo o que aquele Mestre Tutelar não queria, naquele momento, era que seu tutelado voltasse a repetir os erros já cometidos durante sua jornada evolutiva. Sentia-se fraco, impotente e incompetente.

Valkyner arrastava o espírito do fazendeiro escocês, gargalhava muito alto. E aquele espírito debatia-se e berrava muito. Shaly, o rato, não estava mais ali. Já havia conquistado seu objetivo.

Edgard, de olhos arregalados, olhava para o corpo daquele homem caído ao chão, ensanguentado, degolado. Não acreditava que fizera aquilo. Estava pasmo, perplexo, paralisado.

Mestre Rhady volitou para outro ponto daquele rio, ficou à sua margem, olhando o movimento natural que ali ocorria naquele momento.

Pensava no que deveria fazer dali em diante para salvar seu tutelado, que, a partir daquele ato, conectara-se rapidamente aos agentes do "embaixo".

O Mago Alxiv parou ao seu lado e falou:

– Conte conosco, Mestre Mago da Luz! Garanto-lhe, o Senhor Mago Mykeval está ao seu lado.

Mestre Rhady sorriu em agradecimento e ficou ali, à beira do rio, olhando a movimentação da natureza.

# Capítulo 11

## A Sentença

Edgard, ainda pasmo e com muito esforço (sentia-se fraco, energeticamente esgotado), jogou o corpo de Joseph no Rio Cam.

Naquela noite, não conseguiu dormir. Sentia-se sujo, pesado e, a todo instante, ouvia vozes dissonantes, diálogos "pelo ar".

"O que está acontecendo comigo? Por que matei aquele homem?", pensou o desorientado e jovem feiticeiro.

À beira do Rio Cam, Mestre Rhady "ouvia" todos os pensamentos de Edgard. Ainda triste com tudo o que acontecera, o Mestre Mago da Luz achou conveniente não interferir e deixar seu tutelado à frente de sua própria consciência.

Edgard queria dormir, tentar esquecer aquilo tudo. Mas não conseguia, estava "ligado" de um modo irreconhecível. Nunca se sentira assim antes.

Era um comandante militar, acostumado a guerras e batalhas. Apesar de ainda jovem, um homem de 30 anos, desde muito cedo servia à realeza. E, em todo esse período como militar, vira muitas mortes, porém nada o chocara tanto quanto o que havia acontecido naquela noite.

Pela manhã, a sra. Mitrew foi acordá-lo. Como não havia conseguido dormir durante toda a noite, Edgard resolveu fazer a refeição matinal. Comeu, naquele dia, como um "animal". Sua tia olhava-o com estranheza, pois criara aquele homem e sabia que sempre fora muito fino e educado, afeito a etiquetas e convenções da alta sociedade.

Ela estranhou quando, àquela hora do dia, durante a refeição matinal, ele olhou para ela e falou:

– Minha tia, por favor, traga um cálice de meu vinho favorito!

Ela achou melhor, apesar de considerar tudo muito estranho, nada comentar, e serviu o vinho a seu sobrinho.

Edgard terminou a refeição e voltou para seu quarto. Após certo tempo, acabou dormindo. E, durante aquele dia, ficou em seus aposentos, não atendendo aos chamados de sua tia para as refeições.

Em sua casa, Lara tentava encontrar uma forma de dar um fim definitivo ao seu tormento. Pensou: "Vou acabar com Myrnah. E então, ou Edgard fica comigo, ou será o fim dele também!".

Às suas costas, Valkyner olhava-a sorrindo maleficamente. Nada falou; nem precisava, pois somente suas vibrações já faziam com que aquela camponesa fosse tomada por sentimentos baixos.

Mestra Saynah, a distância, tentava se aproximar de sua tutelada, mas a baixa conexão vibratória de Lara não permitia uma maior aproximação. E Valkyner, satisfeita, regozijava-se com aquilo tudo.

Myrnah, em sua casa, folheava um livro enorme. Pensou: "Este livro é minha grande arma. Aqui, há fórmulas que nunca poderei passar para Edgard ou quem quer que seja".

Próximo a ela, Mestre Tavinagh, entristecido, acompanhava todos os movimentos de sua tutelada. Ao seu lado, um espírito de uma velha mulher, com lágrimas vertendo, via com enorme tristeza aquilo tudo.

Telepaticamente, ela falou a Mestre Tavinagh: "Se eu soubesse que ela chegaria a esse ponto, não teria atuado para que despertasse, quando ainda jovem, a "bruxa" que havia dentro dela".

Mestre Tavinagh completou: "Porém, sra. Silvia, saiba que todos os humanos têm livre-arbítrio e optam pelo correto ou pelo não correto. Portanto, está isenta de toda e qualquer tipo de culpa".

"Eu sei, Senhor Mago Tavinagh. Mas, ainda assim, sinto-me culpada. Quando ela ainda era uma criança, percebi sua 'mão' para as lidas mágicas e achei por bem despertar isso nela, para que, durante sua vida, usasse desses recursos em seu benefício e no auxílio aos seus semelhantes. E, agora, não tenho como negar que meu coração está banhado em lágrimas, vendo que tudo o que intencionei correu para o lado oposto ao de nosso Pai."

Silvia, tia de Myrnah, já tinha desencarnado havia muitos anos. Estava ali, ao lado do Mestre Mago Tutelar de sua sobrinha, presenciando pessoalmente a "derrocada" daquela menina que tanto amava.

Ainda à beira do Rio Cam, Mestre Rhady, que se reenergizava naquele ambiente natural, olhou para seu lado direito. Alxiv ainda estava ali, olhando-o.

— Estou aqui para o que o senhor precisar, Mestre Rhady. O Senhor Mago Mykeval orientou-me para que ficasse à sua disposição.

— Não há necessidade, Mago Alxiv! Agradeço por tua compreensão e companheirismo, mas a única coisa que posso e devo fazer agora é voltar ao trabalho.

— Posso acompanhá-lo, Mestre Rhady!

— Não há necessidade, caro amigo!

Mestre Rhady pensou por um instante e falou:

— Bem, Mago Alxiv, acho que há sim algo que podes fazer...

Alxiv ficou aguardando o que Mestre Rhady diria.

— Dentro de todo o contexto desenhado com o desenrolar dos fatos, Mago Alxiv, creio que, se assim for possível, podes nos ajudar, conseguindo que tenhamos (eu, Mestra Saynah e Mestre Tavinagh) um encontro com Mestre Mago Mykeval.

— Perfeitamente, Mestre Rhady, verei o que posso fazer nesse sentido.

— Agradeço-te imensamente, Mago Alxiv!

Alxiv desapareceu daquele ambiente. Mestre Rhady ficou ali; tinha, naquele momento, a certeza de que uma conversa com aquele Mestre Mago, um agente do Divino Trono da Evolução, a serviço da Lei Maior e da Justiça Divina, poderia ajudar muito a ele e aos Magos Tutelares de Lara e Myrnah, na busca de uma solução (independentemente de qual fosse), para o fim daquela "guerra" sem propósitos.

Na manhã seguinte, Edgard saiu de casa. Andava pela cidade a caminho da casa de Myrnah.

Conversou com ela. A velha bruxa sentia que havia algo errado com seu amante. Perguntou:

– Edgard, meu amado, o que está acontecendo contigo?

– Eu preciso conversar contigo, Myrnah. Estou confuso, acabei fazendo uma enorme besteira! Talvez seja uma besteira incorrigível...

Myrnah, atenta e curiosa, ouvia-o, a fim de saber o que estava se passando com Edgard.

Edgard estava decidido a contar a Myrnah o que acontecera à beira do Rio Cam. Também queria dizer a ela que o que aconteceu entre eles havia sido um equívoco, que amava Lara.

Mas Valkyner, atrás dele, sussurou ao seu ouvido esquerdo:

– Não, nobre cavaleiro! Há muito ainda para sugares dela! Pensa... podes te tornar o maior feiticeiro deste condado, se, ainda por algum tempo, estiveres aliado a ela!

Edgard titubeou, gaguejou. Myrnah, atenta, aguardava que ele concluísse. Valkyner, já atrás dela, falou ao seu ouvido:

– Ele está nervoso. Isso é obra daquela "bruxa camponesa". Traga-o para ti, és poderosíssima e não podes perdê-lo para ela!

Myrnah falou:

– Edgard, o que está acontecendo contigo?

Ele gaguejava, não conseguia falar. Valkyner, atrás dela, falou ao seu ouvido: "Pergunte a ele sobre a tragédia à beira do rio...".

Myrnah perguntou:

– Edgard, o que aconteceu à beira do rio?

Edgard olhou espantado para Myrnah. Pensou: "Como ela sabe disso?".

Valkyner falou ao ouvido de Myrnah: "Fale a ele sobre o homem louro, de olhos azuis. Diga que está vendo esse homem ao chão, ensanguentado, morrendo."

Myrnah falou:

– Edgard, vejo, à beira do Rio Cam, um homem louro, de olhos azuis, ao chão, ensanguentado, morrendo.

Edgard começou a chorar copiosamente. E falou:

– Eu não sei o que aconteceu comigo ontem à noite, Myrnah! Eu estava perdido, desorientado, acabei matando aquele homem.

Myrnah pôs a mão na boca. Em seguida, retirou a mão e disse:

– Minha nossa, Edgard! Mas por que isso aconteceu?

– Já te disse, não sei! Eu estava desorientado, bebi demais. Fiquei confuso com toda essa situação. O que houve entre nós, Myrnah, não deveria ter acontecido!

Myrnah cerrou os dentes, com raiva, mas continuou olhando para Edgard, que prosseguia:

– Eu amo Lara, Myrnah! Perdoa-me, por ter me aproveitado de ti, de tua solidão. És uma mulher honrada, valorosa. Acabei batendo em Lara, em nosso último encontro. Está tudo errado e a culpa é toda minha!

Ao ouvir Edgard, Myrnah começou a sorrir. Sentiu que, mais do que nunca, seu jovem amante, o grande comandante militar, estava em suas mãos.

Aproximou-se dele, agachou-se à sua frente, enxugou suas lágrimas, levantou seu rosto, tocou com as mãos em suas faces, segurando-as e fazendo com que olhasse para ela, falou:

– Edgard, compreendo tudo o que estás passando! Entendo que estás confuso, mas, se considerasses, de fato, que tudo o que houve entre nós foi um erro, não estarias aqui, à minha frente, neste momento, abrindo teu coração. Fica aqui, cuidarei de ti.

É preciso que entendas, por mais que seja difícil, que eu sou a mulher de que necessitas ao teu lado.

Ele escutava tudo o que ela falava imóvel, sem reação.

Myrnah pegou-o pela mão, levantando-o da cadeira, encostou a boca em sua face direita, beijando-o, fez o mesmo em sua face esquerda e, em seguida, beijou sua boca com voracidade.

Ele estava ali, entregue naquele momento às vontades e desejos daquela velha bruxa. Uma mulher experiente, bonita, convicta com relação ao que queria, e que jamais jogaria para perder.

Em sua casa, Lara, deitada na cama, chorava copiosamente, como que sentindo o que acontecia naquele exato instante entre seu amado e Myrnah.

Tomada por tristeza e ódio, só pensava em vingança. Só uma coisa lhe passava pela cabeça: matar Myrnah!

Mestre Rhady recebeu a mensagem de Mago Alxiv afirmando que o Senhor Mago Mykeval estava disposto a receber os três Mestres Magos Tutelares em seus domínios.

Satisfeito, agradeceu ao amigo e tratou de entrar em contato com Mestra Saynah e Mestre Tavinagh.

Em pouco tempo, os três Magos conversavam à beira do Rio Cam.

Mestra Saynah falou:

— Entendo tuas boas intenções, Mestre Rhady, mas o que esse Senhor Mago Mykeval, agente da Lei em um cemitério, ou seja, um homem que cuida do campo-santo, poderá fazer por nossas crianças?

Mestre Tavinagh interviu:

— Caríssima irmã Saynah, receio que não tenhas atentado para a situação, nesse momento, que é periclitante! Compreendo Mestre Rhady, e concordo que, agora, essa seja uma boa alternativa. Temos de pensar em soluções que possam dar um fim, mesmo que traumático, a essa "guerra"!

Mestre Rhady falou:

– Cara Mestra Saynah, entenda: nossos tutelados se negativaram por demais. Eles não conseguirão escapar por completo da "Espada da Lei". Então, considero que nada melhor do que contarmos com o auxílio de um desses agentes da Lei do Pai, para que consigamos, ao menos, que tenham "penas leves".

Mestra Saynah deu um passo à frente, pensou, pensou, virou-se para os outros dois mestres e falou:

– Eu penso que poderia recuperar minha menina de outra forma. Trabalho para que minha "criança" esteja sempre positivada, lidando com as energias mais sutis da Criação de Deus...

Foi interrompida por Mestre Rhady, que falou:

– Sei disso, Mestra Saynah, mas, se me permite, não é o que está acontecendo, e sim o oposto disso.

Mestre Tavinagh sacudiu a cabeça afirmativamente, concordando com Mestre Rhady. E Mestra Saynah, mesmo contrariada, viu que, naquele instante, não haveria outra alternativa... e acabou concordando.

Os Mestres Magos Tutelares chegaram àquela noite naquele cemitério. Mago Alxiv aguardava-os ao portão, o que dispensou apresentações aos Guardiões locais.

O Mago auxiliar do Senhor Mago Mykeval os acompanhou até o cruzeiro daquele cemitério.

Lá chegando, o Mestre Mago Mykeval aguardava-os, sorrindo.

Mestre Rhady falou:

– Saúdo sua força, meu irmão, Senhor Mago Mykeval!

– Saúdo ao senhor, Mago Rhady, à senhora, Maga Saynah e... – parou de falar por um instante, olhou para Mestre Tavinagh e prosseguiu – ... a ti também, Tavinagh.

Mestra Saynah e Mestre Rhady estranharam aquela situação.

Mestre Tavinagh, de cabeça baixa, falou:

– Saúdo sua força, Senhor Mago Mykeval!

Mestra Saynah falou:

– Saúdo sua força, Senhor Mago Mykeval!

Mykeval falou:

– Devem estar estranhando esse clima de animosidade entre mim e Tavinagh, mas já está tudo superado. Pode levantar a cabeça e me encarar, Tavinagh! O que se passou há alguns séculos já foi resolvido. Tenhas certeza disso, porque eu tenho! Aquele foi um momento muito triste de nossas jornadas. Eu não tinha a compreensão que tenho hoje, tu também não tinhas. E, se achas que ainda guardo alguma mágoa, esqueças isso tudo, pois hoje estamos unidos em prol de um mesmo objetivo: libertar vossos tutelados!

Sem reação, Rhady e Saynah olhavam aquilo tudo, pouco entendendo o que ali se passava.

O Mago Mykeval olhou para os Magos ali presentes e falou:

– Devem estar estranhando isso tudo, não é mesmo?

Saynah ficou imóvel, olhando para ele. Rhady sacudiu a cabeça afirmativamente, mantendo os braços cruzados e a mão direita ao queixo.

Mykeval prosseguiu:

— Há alguns séculos, por conta de uma negativação, após seu desencarne, foi designado pela Lei que o espírito do qual Tavinagh tem a tutela viesse cumprir "pena" em meus domínios. Porém, esse nobre Mestre Mago Tutelar, àquela época, desafiou a Lei Maior, dando cobertura para que seu tutelado (hoje encarnado como essa bruxa que vocês bem conhecem) fugisse. Tentou dificultar as coisas, achando que seu tutelado estava sendo injustiçado.

Rhady e Saynah olharam para Tavinagh, que estava envergonhado, de cabeça baixa. Mykeval prosseguiu:

— Mas sua tentativa foi frustrada, pois afinal ninguém escapa da Lei do Pai! O tutelado de Tavinagh acabou nas mãos da Lei, cumpriu sua pena em outros domínios, mas cumpriu. E pelo jeito, Mago Tavinagh, parece que a correção daquela época não foi suficiente, não é mesmo?

Ainda de cabeça baixa, Tavinagh falou:

— Parece que não. Eu também cumpri pena, por aproximadamente um século. Por isso, hoje (confesso aos meus irmãos Magos Tutelares aqui presentes) tenho uma enorme preocupação com essa negativação dela, pois, já sendo reincidente, sei que isso pode causar-lhe sérios problemas. E eu, que trabalho agora vigiado pela Lei, me sinto impotente, pois, em seu íntimo, meu tutelado (que tem plena consciência de sua relação comigo e conhece-me muito bem) não confia em mim. Acha que, se está da forma que está, é por minha culpa. Porque eu permiti que ele chegasse a esse ponto, a essa situação que ele considera humilhante.

— Bem, Tavinagh — falou o Senhor Mago Mykeval —, independentemente de qualquer coisa, estamos aqui com a finalidade de dar um fim a essa situação. E assim faremos.

Mestre Rhady falou:

– Precisamos, em conjunto, encontrar uma solução que dê fim a isso tudo, antes que acabe em uma grande tragédia.

Mestra Saynah interviu:

– Não vou sacrificar minha menina, senhores Magos! Quero que saibam que, mesmo ela tendo se negativado a tal ponto, é quem menos deve sofrer com isso tudo.

Mykeval falou:

– Compreendo seu argumento, Mestra Saynah. Sei do amor que nutre por sua tutelada. E digo que esse amor emanado pelos Mestres Tutelares às suas "crianças" é algo que sempre me deixa muito feliz. O que seria desses encarnados sem vocês, não é mesmo? Porém, caríssima Maga, precisamos lembrar de algumas coisas. Como, por exemplo, dos erros cometidos por sua tutelada, em uma encarnação em que viveu no Oriente Médio e usou do "dom" que carrega de forma mesquinha, em benefício de seu ego e sua vaidade. Lembra disso?

Mestra Saynah abaixou a cabeça, pensou, levantou a cabeça e falou:

– Tens razão, Mestre Mago Mykeval! Ela se negativou por demais em algumas de suas encarnações e, mesmo assim, teve a tolerância da Lei, até então permitindo que reencarnasse para reparar esses erros.

– Exatamente, Mestra Saynah. Só que, agora, está começando a cometer os mesmos erros.

– Mas há os agentes do "embaixo", influenciando nessa situação, como bem sabes! – falou Mestra Saynah.

O Mago Mykeval falou:

— Eu sei disso! Mas, se nos apoiarmo nessa "desculpa", tudo ficará muito fácil. Então, isentaremos vossos tutelados, executaremos Shaly, Dyve e Valkyner, e vossas três crianças seguirão em frente livres de todo e qualquer tipo de obsessão, trabalhando em prol do amor divino. Será assim que acontecerá, senhores Mestres?

Ele olhou para os três Mestres Tutelares.

Naquele momento, havia um clima de tensão e preocupação naquele cruzeiro. Rhady, Saynah e Tavinagh aguardavam por alguma solução.

O Mestre Mago Mykeval falou:

— Só há uma solução, Mestres! Acabar com isso tudo de modo radical. O tutelado de Mestre Rhady já está desorientado, tendo cometido um ato desesperado recentemente. A tutelada de Tavinagh, esta sim, já fez claramente sua opção, e a tutelada de Mestra Saynah, não creio, infelizmente, que deva optar por um caminho mais virtuoso.

Todos, atentos e curiosos, aguardavam ali, naquele instante, pelo que o Senhor Mago Mykeval diria. E ele falou:

— Amparado pela Lei do Pai, informo que o trabalho que faremos para o desfecho desse caso começará... (o Mestre Mago do Cruzeiro das Almas daquele cemitério começou a ler ali a sentença que lhe chegara às mãos).

A partir daquele momento, Mestre Rhady, Mestra Saynah e Mestre Tavinagh sabiam que sairiam daquele domínio com a solução para o fim daquela "guerra de vaidades" travada entre seus tutelados.

# Capítulo 12

## Sob os Olhos da Lei

O Mago Alxiv acompanhou os três Mestres Magos Tutelares até a saída daquele cemitério.

Nada conversaram. Sabiam que a sentença lida pelo Mestre Mago Mykeval era um recurso da Lei Maior que anularia as ações que poderiam levar a consequências bem piores.

E, por conta disso, mantinham-se em silêncio, para que os agentes do "embaixo" nada descobrissem e não armassem uma reação.

A partir de então, cada um deles passaria a ficar de "prontidão", sempre perto de seus tutelados. Essa havia sido uma das determinações da Lei Maior, constantes na sentença lida pelo Mago Mykeval. E ele, o Mago Mykeval, passava a ter, naquela missão punidora e anuladora de negativismos, uma função importante: a de executor das determinações e Guardião do cumprimento pleno de tudo o que havia sido determinado pela Lei Maior e a Justiça Divina.

Em um domínio trevoso, encontravam-se Shaly, Dyve e Valkyner.

Era um ambiente muito escuro, com o chão formado por uma lama malcheirosa e paredes constituídas por "pedras mortas". Uma caverna sem luz.

Shaly comandava as ações. Dyve ouvia a tudo e pensava muito no que deveria ser feito dali para a frente. E Valkyner, na condição de subordinada, somente acatava o que lhe era determinado.

Ela disse:

– Mas eu quero ficar com um deles, ao menos! Como pretendes me pagar, seu rato imundo?

– Como ousas falar assim comigo, infeliz? Respeita-me, sou o comandante dessas ações.

Dyve era um homem muito magro, velho, de aparência cadavérica. Interviu:

– Não creio que seja, agora, o momento para discutirmos isso. Vejam só: eu quero meu escravo, que hoje se esconde em um corpo feminino. Shaly quer seu "irmãozinho"...

Shaly berrou:

– Como ousas ironizar-me em meus domínios? Ele não é meu "irmão", é meu escravo. Deve-me e pagará!

Dyve prosseguiu:

– Bem, então, por que Valkyner não pode ficar com a outra "bruxinha"?

– Porque eu também a quero para mim! – exclamou Shaly.

Valkyner falou:

– Mas queres tudo para ti! Eu preciso ter alguma compensação nisso tudo!

– Eu vou pensar em algo para te dar – falou o homem rato.

– Não, seu rato imundo, assim eu não continuo!

– Arranco tua língua, se me chamares assim novamente! Como ousas dizer que não continuarás?! Eu acabo contigo!

– Te achas tão poderoso, ó homem rato! Estás me desafiando?

Dyve interviu:

– Não é momento para dividirmos nossas forças agora. Vamos agir unidos, em prol do mesmo objetivo.

Valkyner olhou para Dyve e falou:

– Aqui só há objetivos de vocês. Eu fui chamada para ajudá-los e, desde o início, sabem de minhas condições. Preciso de escravos em meus domínios! Mas, pelo que vejo, estou trabalhando de graça. E assim não continuarei.

– Espere... – falou Dyve.

Valkyner rodopiou o vestido e desapareceu.

Shaly falou:

– Deixa estar... não precisamos dela para nada!

Dyve falou:

– É claro que precisamos, seu rato burro e ignorante! Não temos a mobilidade que ela tem, transitando lá no meio. Estamos pesados demais, nem sempre conseguimos subir. E, quando conseguimos, cansamos muito rapidamente.

– Cala a boca, seu imundo! Eu sei o que faço.

– Espero que saiba, pois nunca estive tão próximo de meter as garras em meu escravo. Se eu perder essa chance, tu te verás comigo, seu ratinho!

No Cruzeiro das Almas, Alxiv se aproximou, pedindo permissão para falar com Mykeval. O Senhor Mago daquele local o autorizou.

– Senhor Mago Mykeval, informo-lhe que os três agentes do "embaixo" que estamos vigiando acabaram de enfraquecer-se.

– O que aconteceu exatamente, Mago Alxiv?

– A ambição e a ignorância fizeram com que Valkyner se retirasse da missão. E Dyve está cobrando de Shaly, pois agora terão de agir por conta própria e perderam uma agente que possuía mobilidade e trânsito no "meio", entre os encarnados.

O Senhor Mago Mykeval, falou:

– Realmente, Mago Alxiv, esses dois, muito densos, não poderiam ter perdido essa aliada. Isso será um golpe nos planos deles.

Alxiv falou:

– Porém, Mestre Mago Mykeval, pressinto que Valkyner separou-se deles, mas tentará, a partir de agora, seguir em frente sozinha e escravizar aos três, levando-os para seus domínios.

– Eu sei, Mago Alxiv! Porém, sabemos que assim teremos um melhor controle da situação.

– Não compreendo, Senhor Mago Mikeval!

– Acompanhe meu raciocínio, caro Alxiv: Valkyner realmente tem mobilidade e trânsito no "meio", entre os encarnados, coisa que Shaly e Dyve não possuem. Correto?

– Correto, Senhor Mykeval!

– Porém, Shaly e Dyve são muito astutos. Não se espante se, daqui a pouco, aparecerem com um novo aliado ou uma nova aliada com trânsito no meio. Já Valkyner, mesmo com toda a mobilidade e trânsito que ela possui, não usa muito a mente a seu favor. Sabemos que é uma bruxa negativada puramente emocional, não é, Mago Alxiv?

— Perfeitamente, Mestre, a bruxa Valkyner, negativada no Sentido da Geração,* busca desenfreadamente satisfação sexual.

— Então, faremos o seguinte: nós continuaremos vigiando incansavelmente aqueles dois lá "embaixo". E, quanto a Valkyner, cooptarei uma Guardiã para cuidar dela.

— O senhor já tem alguém em mente, Mestre?

Mykeval emitiu um leve sorriso, projetou seu cetro preto, direcionou-o a uma lápide que ficava alguns metros atrás de onde estava o Mago Alxiv, emitindo raios rubros.

Dela saiu, como um raio, uma mulher de cabelos negros, pele branca, olhos negros grandes, unhas grandes pretas, trajando um vestido vermelho com decote e mangas pretas, um lenço preto à cabeça que tinha, bem ao centro da testa, uma cruz vermelha.

Ela, curvando levemente o corpo à frente do Mestre Mago, falou:

— Em que devo servi-lo, Senhor Mago Mykeval?

— Senhora Zedna, preciso de seus préstimos. A Lei me designou para uma missão muito delicada. Mago Alxiv, depois, explicará tudo em detalhes, mas quero que a senhora cuide de uma mulher negativada, do "embaixo", a sra. Valkyner...

Ela soltou uma sonora gargalhada e falou:

— Valkyner! Ainda não deram um fim àquela infeliz!

O Senhor Mago Mykeval repreendeu-a com veemência:

— Silêncio, sra. Zedna! Não está autorizada a emitir esse tipo de opinião em meus domínios. Saiba que aqui agimos todos dentro da Lei. E, se estou designando-a, é para que atue dentro

---

* *O Sentido da Geração manifesta-se no chacra básico.*

dos ditames da Justiça Divina. A senhora está aqui para se recuperar, não é mesmo?

— Perfeitamente, meu senhor, isso não acontecerá mais. Peço desculpas!

— Saiba que, se agir dentro da Lei e for bem-sucedida nessa missão, ganhará "muitos pontos", e quem sabe até poderá "passear" mais vezes fora daquela lápide!

— Sim senhor, Mestre Mago Mykeval!

— O que necessito, fundamentalmente, é que cuide de Valkyner, anulando-a, apenas. Nada além disso! Fiz-me compreendido?

— Sim, senhor Mykeval! — respondeu Zedna, de cabeça baixa.

— Então vá para seu lugar! No momento certo, Mago Alxiv a chamará e passará todas as determinações.

Ele estendeu seu cetro preto na direção daquela mulher que, na velocidade de um raio, voltou para o interior daquela lápide.

Ele olhou para Alxiv e falou:

— Já sabes o momento certo de retirá-la dali e colocá-la em missão.

— Se o senhor a designou, Mestre Mykeval, sabe o que faz.

— Sei sim. Ela não mais quererá passar pelo que passou durante o longo tempo em que esteve nas trevas. Quer trabalhar e evoluir. E terá, agora, sua primeira grande oportunidade.

— Então, assim será, Senhor Mykeval!

Alxiv se despediu de Mykeval, retirando-se.

O Mestre Mago daquele cemitério levantou seu cetro à altura de seus olhos e, através da pedra negra, que ficava na parte superior daquele objeto mágico, passou a observar todos os movimentos de Shaly e Dyve no ambiente trevoso onde "maquinavam" seus planos maléficos.

O astral superior se mobilizava, por intermédio de seus agentes "fiscalizadores das trevas", para impedir o avanço daqueles seres negativados.

Mas, se os Mestres Rhady, Saynah e Tavinagh haviam encontrado (após receberem das divindades, no Reino do Amor e das Pedras, energias para prosseguirem em missão) a solução da Lei Maior, por intermédio de seus agentes "fiscalizadores das trevas", o que aconteceria, por outro lado, com Edgard, Lara e Myrnah?

A sentença emitida pela Lei Maior e a Justiça Divina levaria os três a quais consequências?

# Capítulo 13

# A Sentença Começa a se Cumprir

Mestre Rhady observava Edgard, que dormia. Estava de prontidão, conforme determinado pela Lei Maior de Deus. Sabia que o que fora determinado naquela sentença deveria ser cumprido à risca, por mais doloroso que fosse para ele ou para os outros Mestres. Fazia-se necessário cortar, naquele momento, o mal criado pelos "feiticeiros" encarnados pela raiz, antes de que piorassem suas próprias situações, tornando a "execução máxima" irreversível.

Porém, apesar do enorme amor que Mestre Rhady sentia por seu tutelado, sempre fora muito prático e procurou colocar seus "sentimentos" a serviço da razão e do bom senso. Manter os "pés no chão" sempre foi uma de suas principais características.

Edgard dormia um sono "pesado", àquela noite, pois desde o incidente trágico à beira do Rio Cam ainda não havia conseguido descansar plenamente. Porém, periodicamente, durante aquele sono, seu corpo tremia da cabeça aos pés. E Mestre

Rhady, praticamente imóvel, apenas observava os movimentos do jovem feiticeiro.

O Mestre Mago Tutelar acompanhava aquele homem havia muitos séculos. Foram muitas encarnações até chegarem ali, naquele momento. Sabia que ele, Edgard, havia recebido inúmeras chances; afinal, durante um bom tempo esteve na trilha correta no caminho de retorno a Deus. Mas, se tinha de começar a pagar agora, então, assim seria. Em hipótese alguma, Mestre Mago Rhady estenderia a mão a ele com o intuito de "afagá-lo". Seria o primeiro a corrigi-lo. Até porque, ou ele tomava o rumo correto, ou tudo ficaria muito difícil, inclusive para o trabalho daquele Mestre Mago Tutelar.

Edgard acordou pela manhã, fez sua habitual refeição. Saiu de casa, foi ao comércio fazer compras. E Mestre Rhady manteve-se o tempo inteiro em seu encalço.

Voltou à sua casa, tomou um banho refrescante que lhe fora preparado por sua tia, pegou seu cavalo e saiu em direção ao campo.

Já fora da área central de Cambridge, Edgard corria em alta velocidade guiando aquele cavalo. Seus cabelos esvoaçavam ao vento. Sentia-se ali, naquele momento, livre, "voando", como se estivesse "limpando" sua alma das "sujeiras" que havia adquirido ultimamente.

Em sua casa, Lara conversava com uma "velha" amiga.

Devido à sua condição naquela sociedade, Lara praticamente não possuía amigos e quase nunca recebia visitas, a não ser as de Edgard, eventualmente.

Mas Lindsay há muito tempo não visitava sua amiga camponesa. Conheceram-se quando sua mãe ainda era viva e fazia compras no comércio da família de Lindsay. Uma bela mulher magra, esguia, pele branca, cabelos castanhos, extremamente elegante, fizera amizade com Lara e se tornara, a partir de então, sua amiga "confidente".

Lara, com a voz embargada, disse:

— Então, minha amiga, tudo o que acabei de relatar é o que tem acontecido. Estou em uma "encruzilhada" e não sei para onde ir.

— Lara, minha querida, mantenha-te calma! Não podes, agora, tomar uma atitude impensada. Tu sabes de tua condição nesta sociedade. Uma tragédia seria inevitável. Não te esqueças: ela é uma burguesa e tu, a bruxa camponesa pagã!

— Eu sei, Lindsay, eu sei! E foi exatamente por esse motivo que ainda não fiz nada. Mas...

Lara emitiu um sorriso maléfico, e prosseguiu:

— ... um pequeno feitiço que acabe com ela não me prejudicará, afinal, quem saberá a origem?

— Mas se tu sabes que ela é uma feiticeira, das mais perigosas, sabes também do risco que corres, de ela escapar de tua investida e revidar-te em dobro.

Lara silenciou por alguns instantes, pensou e falou:

— Tens razão, Lindsay, mas eu não vejo mais outra alternativa. Ou ficarei sem meu cavaleiro!

— Tenhas fé, Lara, tenhas fé! Se o destino tiver de colocá-los juntos, assim acontecerá.

— Mas se ela influir em nosso destino, Lindsay? Eu preciso fazer algo para que esse destino se cumpra.

Lindsay sentia, naquele momento, que sua amiga estava cega pelo amor, e que qualquer coisa que falasse ali não seria absorvida pelo mental de Lara.

Edgard, montado em seu corcel branco, ainda corria muito. Estava se dirigindo à casa de Lara. Pela primeira vez, não enviou mensagem avisando que chegaria. Temia que ela não o quisesse mais, estava envergonhado e, por isso, resolveu ir sem avisar.

Em sua casa, Myrnah sentia que algo estranho estava acontecendo. Pensou: "Preciso fazer algo para prender Edgard a mim. Ele não pode mais procurar aquela camponesa. Preciso acabar com ela já!".

Mestre Tavinagh observava tudo à frente de sua tutelada. Às suas costas, Valkyner, com as mãos estendidas, enviava densas vibrações ao mental de Myrnah.

Zedna surgiu à frente de Myrnah. Valkyner, assustada, falou:

– Tu, por aqui?!

Zedna nada falou, projetou um machado vermelho em sua mão esquerda, apontou-o para Valkyner e disse:

– Sem meias palavras, bruxa infeliz! Se não quiser ser consumida agora, vai embora daqui!

Valkyner rodopiou seu vestido e desapareceu.

Zedna se virou para Mestre Tavinagh e falou:

– Com sua permissão, Mestre Tavinagh, ficarei por algum tempo a seu lado, observando sua tutelada.

– Seja bem-vinda, sra. Zedna! – falou o Mestre tutelar de Myrnah.

Edgard aproximou-se da propriedade de Lara.

Ela ouviu e reconheceu o relinchar de seu cavalo e o galope vagaroso.

Pôs a mão ao coração e falou a Lindsay:

– É ele... é meu cavaleiro!

Lindsay pôs as mãos na cabeça e falou:

– Ele vai me ver aqui!

Lara disse:

– Não há problema algum. Quem vem aqui escondido é ele e não tu!

O jovem cavaleiro vagarosamente desceu de seu cavalo, amarrou-o no lugar habitual e dirigiu-se à porta da casa de Lara. Ela abriu a porta, ficou observando seu amado aproximar-se. Ele se aproximou dela, tirou o chapéu, encostando-o ao peito, e falou:

– Gostaria de conversar contigo. Ainda me aceitas em tua casa?

– Entra, Edgard – ela falou de forma seca e fria.

Ele se assustou quando viu Lindsay lá dentro. Lara apresentou-os:

– Edgard, esta é Lindsay, minha querida amiga. Lindsay, este é Edgard, meu...

Olhou para ele e mais nada falou.

Edgard, um pouco assustado, pois não gostaria de ser visto com Lara, apresentou-se formalmente a Lindsay. Beijou sua mão. Ela agradeceu, curvando levemente o corpo e puxando seu vestido para o lado direito.

Lindsay olhou para Edgard e falou:

– *Sir* Edgard Mitrew, já o conheço. Nós nos vimos em alguns bailes em Cambridge. Meu pai, além de fazendeiro renomado e reconhecido no condado, também é comerciante.

Edgard falou:

– Conheço seu pai, srta. Lindsay! Gostaria de pedir, porém, que mantenha discrição com relação a essa minha visita...

Ela o interrompeu:

– Fique tranquilo, sou amiga de Lara e, por consequência disso, em hipótese alguma farei algo que possa prejudicá-la.

Edgard sorriu, satisfeito, sacudindo a cabeça levemente em agradecimento.

Lindsay despediu-se de ambos e retirou-se, a fim de deixá-los à vontade.

Lara caminhou até a lareira, virou-se novamente para seu amado, colocou as mãos à cintura e manteve-se em silêncio, aguardando que ele lhe falasse algo.

Sem saber o que dizer, Edgard estava visivelmente envergonhado. Abaixou a cabeça, titubeou, olhou para sua amada e, com lágrimas aos olhos, falou:

– Preciso do teu perdão, Lara!

Ela se manteve imóvel com as mãos à cintura, nada dizendo, apenas olhando no fundo dos olhos de seu amado cavaleiro.

Ele, àquele instante, já chorava copiosamente, jogou o chapéu ao chão, ajoelhou-se, pôs as mãos no rosto e falou em tom mais alto:

– Eu estou desesperado, está acontecendo algo que está me desvirtuando! Eu não sei mais o que fazer!

Lara aproximou-se dele, ajoelhou-se à sua frente (Mestra Saynah e Mestre Rhady já se encontravam às costas, cada um, de seu tutelado), pegou suas mãos, olhou no fundo de seus olhos e falou:

– Eu te amo muito, meu cavaleiro! Perdoo-te sim pelo que fizeste aqui em nosso último encontro, porque sei que estás enfeitiçado por aquela mulher!

Edgard olhou para Lara, de olhos arregalados. Ainda não havia pensado naquela hipótese. Porém, agora lhe ocorria que tudo ia "bem" (ao menos, a situação era confortável para ele) até o surgimento de Myrnah em suas vidas. Ele falou:

– Tu achas mesmo, Lara, que ela pode ter influência nisso tudo?

– Eu tenho certeza, meu amado! Ela é uma bruxa muito experiente, sabe lidar com as forças da Natureza. E tu, infelizmente, caíste nas garras dela, entregando tua força nas mãos de uma mulher que quer te manipular.

Edgard sabia que Lara tinha razão e, envergonhado, abaixou a cabeça.

Em seguida, olhou para Lara e falou:

– Então, o que faremos agora?

– Meu amado, se ela "sentir" que está te perdendo, poderá acabar conosco. Ela tem a situação sob controle, pode acabar comigo facilmente e destruir-te perante a sociedade.

– É, Lara, tu tens razão. Não sei como fui tolo a tal ponto de não perceber isso tudo!

Lara sorriu, preferindo não dizer mais nada.

Mestre Rhady e Mestra Saynah, satisfeitos, sorriram um para o outro. A sentença ditada pela Lei Maior começava a cumprir-se ali.

# Capítulo 14

# Edgard Protagoniza uma Tragédia

Lara e Edgard se amaram intensamente naquele dia e, também, durante toda a noite. Ali, no leito de amor, ele prometeu a Lara que enfrentaria o mundo por ela, dizendo:

– Lara, minha amada, vou te assumir como minha mulher!

Ela, emocionada, chorou com a cabeça encostada ao ombro de seu homem. Ele, também emocionado, estava feliz, como sempre ficava habitualmente, por estar ao lado da mulher de sua vida, mas, ainda assim, sentia-se sujo, por ter se envolvido com Myrnah, por ter se negativado e matado aquele homem inocente.

No dia seguinte, foi embora, despedindo-se calorosamente de sua amada. Lara, emocionada, via seu amado cavaleiro sumir de seu raio de visão. Ficou angustiada, sentindo como se aquele tivesse sido o último encontro entre eles.

Entrou em sua casa, começou a chorar copiosamente.

Correndo em alta velocidade sobre seu corcel branco, com os cabelos ao vento, Edgard também chorava copiosamente, pois tinha a mesma sensação de Lara.

No Cruzeiro das Almas, Alxiv aproximou-se, pedindo permissão para falar com Mestre Mykeval.

– Meu Mestre, parece estar tudo sob controle no caso dos três feiticeiros encarnados.

– Aparentemente sim, Alxiv, mas eles, apesar de estarem sendo bem controlados, vigiados e até monitorados, não se livraram de seus vícios, seus negativismos, que se manifestarão logo em breve.

Emitindo um ar de estranheza, Alxiv falou:

– Mas, Mestre Mykeval, se me permite, pergunto-lhe: por que, então, toda essa mobilização de nosso Divino Trono da Evolução, da Lei Maior e da Justiça Divina? Por que a leitura daquela sentença e das determinações dadas aqui?

– Porque a Lei do Pai, caro Alxiv, quando corrige, o faz por amor. Sempre que é dada uma sentença, é para que os filhos de Deus consertem-se e encaminhem-se para a estrada correta. Mas minha experiência de longos séculos, aliada ao passado dessas pessoas (passado recente no caso de alguns e já nem tanto assim no caso de outros), me mostra que, em algum momento, eles agirão "contra" si mesmos. Eu não gostaria de estar na pele daqueles Mestres Tutelares neste momento, Mago Alxiv, sei bem o que estão passando!

– Compreendo, Senhor Mago Mykeval! Bem, preciso de sua permissão para entrar em contato lá "embaixo", com o Guardião do Divino Trono Cósmico da Geração e da Vida, do "Senhor da Morte",* pois precisa autorizar nossa entrada lá

---

\* *O Divino Trono Cósmico da Geração ou "O Senhor da Morte" é, na Umbanda, o Sagrado Orixá Omolu. Polariza com a Sagrada Orixá Iemanjá, no Sentido da Geração, sendo esta o Trono Universal. Enquanto ela "gera" vida, amparando a tudo e a todos, ele "paralisa" aqueles que atentam contra esse sentido. É o regente do "embaixo" no campo-santo (cemitério).*

para que, junto a nossos irmãos da Lei lá "embaixo" possamos controlar Shaly e Dyve.

— Faça isso, caro Alxiv. A propósito, como está o trabalho de Zedna?

— Está indo muito bem, Senhor Mago Mykeval! Ela está trabalhando arduamente e me mantém informado de todos os passos de Valkyner. Parece-me que essa daí, com o bom trabalho realizado por Zedna, estamos conseguindo anular.

— Isso é muito bom, Mago Alxiv!

O Mago Alxiv pediu licença ao Mestre Mago Mykeval e retirou-se. O velho Mago comandante daquele Cruzeiro ficou ali, pensativo: "Aquele menino, tutelado de meu irmão Rhady, tem oscilado por demais. Acabará colocando tudo a perder e, por conta disso, a sentença poderá ser bem mais pesada!".

Myrnah, um mulher esperta, tinha em sua intuição sua maior arma. Sabia que algo acontecia, que perdia espaço naquela "guerra". E, por conta disso, tratou de chamar uma mulher de sua confiança, sra. Samara, falando-lhe:

— Cara amiga, preciso de tua ajuda e discrição.

— Podes contar comigo, Myrnah!

Myrnah entregou a Samara um envelope e disse:

— Não abrirás esse envelope em hipótese alguma, a não ser que me aconteça algo.

Samara se assustou e perguntou:

— Como assim? O que está acontecendo?

— Nada demais, não te preocupes!

Samara, uma mulher solitária, era uma das poucas pessoas naquele condado que sabiam dos dons magísticos de Myrnah, pois fora ajudada por ela em uma situação de enfermidade, tornando-se eternamente grata àquela bruxa. E não faria, em hipótese alguma, nada que a desapontasse.

Mestre Tavinagh e Zedna, próximos a Myrnah, estavam visivelmente preocupados.

– Esse passo dado por sua tutelada pode colocar tudo a perder, fazendo com que a sentença seja muito mais pesada, Mestre Tavinagh!

– Eu sei, cara Zedna, porém não há mais o que eu possa fazer! Há muito minha tutelada virou-me as costas e não me ouve mais. Peço a Deus que a ilumine, pois ainda há tempo de reverter todo este quadro.

Zedna sacudiu a cabeça afirmativamente, porém sabia que dificilmente aquele quadro mudaria.

Em sua casa, Lara recebeu um bilhete, enviado por um mensageiro (o mesmo que sempre levava as mensagens de Edgard). Olhou para o mensageiro e disse:

– Mas essa não é a letra dele!

Desajeitado, o mensageiro falou:

– Exatamente, mas é que ele estava muito atarefado e pediu que um soldado escrevesse o bilhete e me entregasse.

O mensageiro foi embora. Lara estranhou aquilo tudo. Era um bilhete de Edgard marcando um encontro no Rio Cam. Ele sempre fora muito discreto com relação aos encontros entre eles e, sempre que se dirigiam àquele rio, ia acompanhada dele, pois seu amado cavaleiro sabia os momentos em que menos corriam risco de ser vistos juntos. Porém, muito curiosa, decidiu ir ao tal encontro.

Mestra Saynah aproximou-se dela e, telepaticamente, falou: "Não vá, minha menina, isso é uma cilada!"

Lara recebeu aquela intuição, sabendo que vinha de sua Mestra Tutelar. Pensou: "Eu não vou a esse encontro".

No dia e hora marcados, Lara não compareceu ao encontro. Myrnah, ao longe, ficou aguardando sua rival. Quando percebeu que ela não apareceria, começou a berrar. Somente ela estava perto do rio.

Dizia, aos berros:

– Essa camponesa não escapará de mim! Eu vou acabar com ela!

Já em sua casa, Myrnah pensou: "Preciso que Edgard venha à minha casa. Tenho de colocar as mãos nele. Sinto que está fugindo de mim!".

Dirigiu-se ao seu "recanto magístico", pegou algumas vasilhas que continham poções mágicas. Zedna, ao seu lado, começou a emitir vibrações na direção de seu mental que a fizeram sentir-se tonta. Caiu ao chão, algumas vasilhas caíram, quebrando-se. Mestre Tavinagh aproximou-se e direcionou seu cetro ao coração de sua tutelada.

Myrnah estava caída, imóvel, sem forças, mal conseguia mover-se. Seu Mestre Mago Tutelar e aquela Maga emissária do Divino Trono da Evolução anulavam, naquele momento, o início de uma magia que poderia prejudicar Lara e Edgard.

Mestre Rhady, ao lado de Edgard, que fazia uma refeição em sua casa, falou telepaticamente: "Procure recolher-se, não saia de casa por enquanto, a não ser em missão de trabalho".

Edgard recebeu aquela irradiação e manteve-se em silêncio.

Em seu quarto, passou a sentir-se pesado. À sua volta, corria o rato Shaly.

Mestre Rhady tentava emitir irradiações para seu tutelado, mas ele não correspondia.

O Mestre Mago Tutelar pensou: "Os negativismos estão tomando conta desse menino. Vejo que precisará passar por uma boa correção".

Edgard se levantou, decidido a ir visitar Myrnah.

Chegou em sua casa, encontrou-a passando mal.

– O que houve, Myrnah?

– Estou passando muito mal hoje, meu amado Edgard! É aquela bruxa do campo, ela está me enfeitiçando.

– Lara não faria isso, Myrnah, jamais, eu tenho certeza! Além do mais, és uma bruxa bem mais experiente do que ela, não é mesmo?

– Estás duvidando de mim, Edgard? Ela enfeitiçou a ti também!

– Myrnah, a propósito, precisamos conversar sobre esse assunto.

– O que precisamos conversar, Edgard, é que eu vou acabar com aquela mulher.

Edgard levantou-se, irado, e berrando, falou:

– Não ouses encostar em um fio de cabelo de Lara! Eu não respondo por meus atos se fizeres algo a ela!

Myrnah estava sentada em uma poltrona à frente de Edgard, segurando com a mão direita um pano quente sobre a testa. Ela retirou o pano, ironicamente sorriu para o jovem cavaleiro, e falou:

– Meu querido, preferes que a sociedade saiba o que fizeste ao pobre Joseph?

– Não ousarias me trair dessa forma!

— Se tu me traíres, acabarei não tendo outra alternativa, Edgard!

Edgard saiu irritado da casa de Myrnah. Ela, preocupada com o que poderia acontecer dali para a frente, ficou pensando o que poderia fazer para contornar aquela situação e ter Edgard ao seu lado. Naquele momento, se acabasse com Lara, não teria mais o controle sobre aquele homem que tanto desejava.

O dia seguinte amanheceu nublado naquele condado. Um temporal intenso tomara Cambridgeshire naquela madrugada. Lara, em sua casa, pouco conseguiu dormir. Myrnah sabia que se aproximava um dia pesado para ela. Edgard passou a noite pensando em tomar alguma atitude que resolvesse de uma vez por todas aquela situação.

O Senhor Mago Mykeval, por intermédio de Alxiv, chamou os três Magos Tutelares para uma reunião de emergência e, em poucas horas, todos estavam no Cruzeiro das Almas.

Mykeval falou:

— Senhores Mestre Magos Tutelares e Senhora Mestra Maga Tutelar, o desenrolar dos fatos levou a situação de seus tutelados para um "beco sem saída". Não há mais o que os senhores possam fazer, a não ser tentar ampará-los ao máximo daqui para a frente. Eles fizeram suas opções, ligando-se vibratoriamente aos agentes do "embaixo". Tenho visto que vossos trabalhos estão por demais prejudicados e, por isso, informo que, a partir de agora, todos eles estão entregues à "Espada da Lei Maior"!

Mestre Tavinagh, preocupado, porém resignado, e visivelmente triste, sacudiu a cabeça afirmativamente, concordando. Ele sabia que a sentença de sua tutelada poderia ser bem pesada e pouco ele poderia fazer para ajudá-la. Mestra Saynah, visivelmente preocupada, não se conformava com o que viria para sua tutelada, porém tinha plena noção de que aquela solução paralisaria toda aquela situação. E era isso que deveria acontecer naquele momento. Mestre Rhady estava triste, porém desejava que seu tutelado passasse por uma forte correção.

Mykeval falou:

– Vejo que meus irmãos Magos estão de pleno acordo. Correto?

Os três Mestres Tutelares sinalizaram com seus olhares afirmativamente.

Então, informo aos irmãos que, a partir de agora, tudo começa a cumprir-se.

Os três Mestres foram embora daquele cemitério, em silêncio, cada um se dirigindo ao seu tutelado.

Alxiv perguntou a Mykeval:

– Mestre, a solução será essa mesmo?

– Sim, Alxiv, começamos agora a cortar, realmente, o mal pela raiz.

Edgard, naquele dia, decidiu ir à casa de Myrnah e tentar resolver a situação de uma vez por todas.

Ao entardecer, vestiu-se e dirigiu-se à casa dela. Foi recebido por ela que, visivelmente triste, procurava demonstrar ao jovem cavaleiro que estava abatida, que o amava e que faria de tudo para tê-lo ao seu lado.

Edgard, porém, manteve-se distante, não queria se aproximar dela. Apenas queria resolver aquela situação e ficar com Lara.

Percebendo que estava perdendo-o, Myrnah começou a se desesperar. Falava, aos berros:

– Eu acabo com ela e contigo, Edgard! Tenho-te em minhas mãos, não te esqueças!

– Myrnah, por favor, entendas, eu amo Lara!

– Tu amas a mim. Ela te enfeitiçou. Acorda!

– Eu sempre amei Lara, Myrnah! O que aconteceu entre nós foi um equívoco! Tu me conheces desde que nasci! Por misericórdia, não destruas minha vida!

– Só se ficares comigo!

Valkyner aproximou-se de Myrnah; Shaly, o rato, começou a rodar à volta de Edgard. Mestre Tavinagh ficou à frente de Myrnah. Zedna aproximou-se de Valkyner com seu machado, fazendo com que a bruxa maléfica se afastasse.

Myrnah ainda berrava com Edgard. Ele foi se possuindo por uma raiva enorme e avançou no pescoço dela. Com os olhos esbugalhados ele a enforcava (e o rato, cada vez mais rapidamente, corria à sua volta). Zedna jogou seu machado em Shaly, que saiu correndo, com parte de seu corpo mutilado, e dali desapareceu. Mestre Rhady assistia a tudo com os braços cruzados e a mão direita ao queixo.

Após aquilo tudo, Edgard voltou a si, soltando o pescoço de Myrnah e afastando-se. Porém, ela continuava "fora de si", pegou um punhal e avançou na direção de Edgard.

Naquele instante, Zedna, Mestre Tavinagh e Mestre Rhady se afastaram, nada fazendo para impedir o desfecho daquela situação.

Edgard segurou Myrnah pelo pulso, impedindo que ela o apunhalasse. O punhal caiu ao chão. Edgard, impulsivamente, empurrou Myrnah com muita força, ela caiu, batendo sua cabeça à quina da mesa e em seguida ao chão, morta.

Edgard se desesperou, não sabia o que fazer. Myrnah, a melhor amiga de sua mãe, estava ali, morta, à sua frente.

Zedna, Mestre Tavinagh e Mestre Rhady continuaram imóveis assistindo a tudo.

O espírito de Myrnah berrava preso junto ao corpo. Ainda não havia percebido que havia morrido. Ela dizia:

– Edgard, não consigo me mover, ajude-me!

Edgard saiu correndo daquela casa. Era uma noite chuvosa do mês de outubro de 1731, as ruas estavam praticamente vazias, mas o jovem cavaleiro, desesperado, sentia que era perseguido por alguém que ele não enxergava. Na verdade, era perseguido por sua própria consciência.

Edgard, o comandante militar britânico, condecorado pela realeza por suas vitórias devastadoras, afogado em sua vaidade e em seus negativismos, protagonizava mais uma tragédia.

Em sua casa, Lara, adormecida, mais uma vez sonhava com seu amado em um campo de batalhas, desesperado, perdido, desorientado e ensanguentado.

# Capítulo 15

## Corações Partidos

Edgard, em casa, banhou-se em água fria, queria se limpar. Porém, foi inútil. Sentia-se, naquele momento, um "lixo humano". Tinha matado um homem havia poucos dias e, naquela noite, perdera mais uma vez o controle e acabara matando uma mulher que, praticamente, era da sua família.

Ele não tinha mais controle sobre suas emoções, estava, nos últimos tempos, deixando-se tomar por algo "oculto" que o dominava e controlava.

Passou aquela noite em claro, não atendeu aos chamados de sua tia para a refeição matinal. Queria descansar, conseguir dormir, pois, no dia seguinte, partiria para Londres em missão real.

Sabia que não havia sido visto entrando ou saindo da casa de Myrnah naquela noite, o que o livraria de qualquer suspeita. Porém, sua consciência fora a principal testemunha daquele crime. Uma testemunha que lhe cobrava mais e mais a cada segundo.

Reunidos no cruzeiro do cemitério, os três Mestres Tutelares, o Mago Alxiv e o Senhor Mago Mykeval conversavam sobre os rumos recém-tomados naquela situação.

O Mago Mykeval falou:

– Desde muito cedo, quando comecei a acompanhar esse caso, caríssimos irmãos, percebi que o tutelado de nosso irmão Rhady estava rumando aceleradamente para a negativação de seu mental. Percebi que Tavinagh temia muito por sua tutelada. O que sempre teve fundamento, pois sua negativação vem de outras eras e só fez aumentar durante a última encarnação, especialmente ao final dela. É certo que, agora, ela foi entregue pela Lei a um domínio trevoso e por lá ficará por muito tempo...

Tavinagh abaixou a cabeça, triste e envergonhado. O Senhor Mago Mykeval prosseguiu:

– Mas, como todos já sabemos que a sentença será rígida para os três, então o que será feito agora pelos senhores e pela senhora, apenas, é ampará-los sempre, não interferindo no que foi escrito pela Justiça Divina e será aplicado pela Lei.

Todos olhavam consternados para Mykeval. Ele disse:

– Tu, Rhady, sabes muito bem que teu menino apenas "adiantou" por algumas horas o que aconteceria. Porém, como não cabia a ele executar a sentença, afinal, também é um sentenciado, informo-te que a pena dele foi alterada. Terás acesso a essa informação em poucas horas.

O Mestre Mago do Cruzeiro olhou para Saynah e falou:

– Quanto à senhora, Mestra Saynah, gostaria de lhe pedir que, realmente, compreendesse tudo o que está acontecendo. Ainda haverá mais uma chance, em uma próxima encarnação. Porém, se não executarmos a sentença agora, pode ser que, mais tarde, seja irreversível a aplicação de uma pena maior. E não creio que a sábia Mestra Tutelar queira isso, não é mesmo?

Mestra Saynah, triste, abaixou a cabeça. Sabia que não havia mais alternativas. O Mestre Mago olhou para o Mestre Tavinagh e falou:

– Tavinagh, meu caro, no caso de tua tutelada, eu realmente lamento por tudo! Mas te informo que ela passará uma longa temporada cumprindo essa pena. Ainda não sei precisar-te, mas te garanto que assim ficará por alguns séculos.

Mestre Rhady pediu a palavra, que lhe foi concedida:

– Senhor Mago Mykeval, no que se refere à tutelada de Mestre Tavinagh, temo que possa "perseguir" meu tutelado e a tutelada de Mestra Saynah nas próximas eras, nas próximas encarnações.

Mestre Mykeval falou:

– Essa tua preocupação tem fundamento, Mestre Rhady, porém informo que caberá à vós, Mestres Tutelares, cuidarem dessas "crianças" para que não sejam atingidas. E tu, Tavinagh, terás de cuidar de tua "criança", para que ela cumpra o tempo que deve onde está. Não sei se ela te ouvirá, mas faze a tua parte!

Depois, olhou para Alxiv, para os três Mestres, emitiu um leve sorriso e prosseguiu:

– Além disso, Mestres, sabemos muito bem como funciona a lei do carma. Então, se há algum carma adquirido desses tutelados para com a tutelada de Tavinagh, eles deverão ser cumpridos e superados. Assim como, Tavinagh, caberá a ti fazer de tudo para que tua tutelada compreenda que o caminho para superar seus carmas é exatamente o oposto do que ela optou por trilhar.

Em sua casa, Lara estava muito preocupada. Não sabia exatamente o motivo que lhe provocava aquela angústia, mas intuía que algo muito ruim havia acontecido, estava acontecendo e ainda aconteceria.

Queria ver seu amado. Ele não mandava notícias há dias, e isso só fazia sua preocupação e sua angústia aumentarem ainda mais.

Andava de um lado para outro de sua casa. Em dado momento, angustiada, mentalizou sua Mestra e perguntou: "Mestra Saynah, diga-me, o que está acontecendo? Onde está meu Edgard? Preciso vê-lo!".

Mestra Saynah, ao seu lado direito, olhava para ela, mas nada respondeu.

Sete dias se passaram. Edgard havia partido para Londres em missão. Estava tão desorientado e perdido que se esquecera de enviar notícias a Lara. Não sabia o que dizer. Como diria à sua amada que havia matado Myrnah? Ela não sabia que, em poucos dias, o homem que amava havia matado duas pessoas.

Em sua casa, sozinha, a sra. Mitrew sentia um aperto no peito. Pensava que algo de ruim estava por acontecer com seu amado sobrinho, a quem tinha como um filho.

Aquela velha mulher ajoelhou-se perante uma cruz pendurada à parede da sala de sua casa e começou a rezar, pedindo a Deus que protegesse "seu menino". Não se conteve e, ainda ajoelhada e rezando, pôs-se a chorar. Sabia, em seu íntimo, que em pouco tempo receberia alguma notícia negativa de seu "pequeno" Edgard.

A sra. Samara, sozinha em sua casa e ainda abatida com a morte da amiga Myrnah, pensava no que poderia ter acontecido.

Myrnah havia sido enterrada e velada com "pompas" de nobreza. A morte daquela bruxa que, para a sociedade, era uma senhora cristã, viúva de um notório comerciante, assassinada brutalmente em sua casa, por um bandido que não deixou vestígios, abalara a burguesia local. A polícia e os comerciantes de Cambridge se mobilizavam para descobrir o que havia acontecido.

A notícia da morte de Myrnah havia chegado a Londres e, só por isso, aquele crime deveria ser desvendado a qualquer custo.

Pensando, pensando e pensando, Samara se lembrou do envelope que a amiga havia entregue a ela, pouco antes de morrer. Pensou: "Meu Deus, como pude esquecer disso?".

Foi até seu quarto, abriu a gaveta da cômoda que ficava ao lado de sua cama, pegou o envelope, abriu-o, lendo-o em seguida.

Dizia: *"Cara amiga Samara, conto com tua amizade, independentemente do que venha a me acontecer. Estou sendo vitimada por dois "feiticeiros", que me ameaçam a vida constantemente. E é por isso que estou deixando este documento, por mim assinado. Ele e ela são: Lara, a bruxa camponesa que se esconde nos arredores deste condado, e o nobre cavaleiro da realeza, sir Edgard Mitrew. Descobri que ele assassinou um fazendeiro escocês, jogando seu corpo no Rio Cam. E, por isso, ele e sua amante 'pagã' estão me ameaçando de morte".*

O bilhete, assinado por Myrnah, deixou Samara pasma, boquiaberta. Pensou: "Meu Deus, *sir* Edgar Mitrew está envolvido na morte de Myrnah!".

Rapidamente, Samara espalhou a notícia por todo o comércio local e, em poucas horas, o bilhete escrito por Myrnah antes de morrer encontrava-se em posse da polícia local.

Lindsay rapidamente ficou sabendo daquela notícia "nebulosa". Preocupada, pois sabia que Edgard não estava na cidade, queria avisar Lara, para que fugisse de Cambridgeshire, fugisse da Inglaterra.

Porém, deveria ter muito cuidado, pois àquela altura, se alguém da burguesia ou da polícia soubesse de sua relação com Lara, uma tragédia poderia atingir não somente a ela, mas toda a sua família.

Mas, não deixaria de avisar sua amiga. Avisou ao pai que precisaria sair no dia seguinte pela manhã para visitar uma amiga enferma e que voltaria antes do entardecer.

Em sua casa, Lara, preocupada, não sabia o que fazer, pois queria ver Edgard. Seu coração, muito apertado, sinalizava que algo muito estranho estava acontecendo. E se Edgard estivesse em apuros, se estivesse precisando de seu apoio?

Sabia que não deveria transitar em Cambridge, pois, se fosse reconhecida, poderia ter problemas por conta do preconceito dos cristãos para com a "bruxa pagã". Sua mãe sofrera na pele tudo o que ela evitava e não queria para si.

Pensou: "Eu vou arriscar. Da outra vez, consegui transitar por lá discretamente sem ser percebida. Terei sorte!".

Quieta, às suas costas, Mestra Saynah apenas observava os movimentos de sua tutelada.

Edgard, em Londres, recebeu a notícia de que, em dois dias, voltaria para casa. Ficou feliz, pois, já decidido a viver seu amor com Lara, planejava encontrá-la. Enfrentaria o que fosse possível, dali em diante, para viver ao lado da mulher que amava.

Era uma manhã de sol em Cambridgeshire. Lara acordou muito cedo, decidida a ir até a cidade, para ter notícias de Edgard, seu amado.

Lindsay acordou cedo naquele dia. Iria à casa de Lara para avisá-la do perigo que corria. Fez sua refeição matinal e partiu, a cavalo, rumo à propriedade da amiga.

Lara, não querendo dar pistas de que iria à cidade, não chamou mensageiro algum nem pediu que lhe providenciassem um "transportador". E, para chegar até lá, roubou uma égua de uma propriedade vizinha.

Edgard, em Londres, angustiado, sentia que algo ruim estava por acontecer. Às suas costas, Mestre Rhady, de braços cruzados e com a mão direita ao queixo, observava seu tutelado sem interferir em nada.

Lindsay se aproximou da casa de Lara, desceu do cavalo, amarrando-o perto do portão. Percebeu que a casa estava fechada. Pensou: "Onde está Lara? Eu preciso falar com ela!".

Colocou as mãos na cabeça, desesperando-se, lágrimas vieram-lhe aos olhos. Em voz alta, falou:

— Meu Deus, ela foi a Cambridge! Ela não pode chegar lá antes de mim!

Montou em seu cavalo e saiu dali, em alta velocidade, como nunca imaginara que pudesse fazer.

A aproximadamente um quilômetro da cidade, Lara diminuiu a velocidade, fazendo com que aquela égua seguisse a galope até o destino final. Ainda com o coração apertado, sabia que corria riscos, mas não aguentaria por mais tempo não ter notícias de seu amor.

Antes de chegar à cidade, amarrou a égua em uma árvore. Dali em diante, vestiu seu casaco preto, colocou o capuz à cabeça e, em poucos minutos, caminhava pelo centro comercial de Cambridge.

Andando pelo centro comercial, sem ser reconhecida, pensou: "Posso ir até aquela loja de tecidos... Mas, se Myrnah for lá novamente, poderá me reconhecer, causando-me sérios problemas. Realmente, terei de ir a outros lugares".

Já transitava pelo comércio por mais de uma hora, quando avistou o mensageiro que sempre lhe levava as mensagens de Edgard. Sorriu para ele.

O jovem, sabendo que ela estava sendo procurada, temia ter seu nome envolvido naquele caso. E tratou de gritar:

– Vejam, aquela mulher, é ela, a bruxa pagã, a assassina da sra. Myrnah!

Lara ouviu aquilo sem conseguir entender e acreditar no que estava acontecendo. Começou a correr pelas ruas de Cambridge. Algumas dezenas de pessoas corriam atrás dela. O mensageiro, covardemente, correu para o lado oposto, fugindo, temendo que Lara o entregasse.

Ela, já muito cansada, pensava em se esconder em algum lugar, entrou em uma rua à direita. Porém, de uma rua paralela, surgiu uma mulher, correndo, entrando à esquerda e ficando de frente para ela que, já cansada, sem forças para continuar correndo, sentia as lágrimas vertendo em seu rosto. A mulher tropeçou e caiu à frente de Lara, que conseguiu desviar daquele corpo caído ao chão. Mas, rapidamente, aquela mulher esticou seu pé direito, fazendo com que Lara tropeçasse e quedasse.

Caída, cansada, sem forças para levantar, Lara viu dezenas de pessoas se aproximando dela, aos berros:

– É a assassina da sra. Myrnah, a amante de *sir* Edgard Mitrew, não a deixem escapar!

– É uma bruxa pagã, uma "inimiga de Deus", deve morrer!

Caída, de bruços, com o rosto ao solo e, mesmo sem forças, pensou: "Vou me levantar, vou correr. Preciso sair daqui agora!".

Quando virava o corpo para se levantar, um homem gordo e com um enorme bigode, sorrindo maleficamente, surgiu correndo da mesma rua de onde saíra a mulher que caiu e derrubou Lara posteriormente, enfiando uma faca em sua barriga.

O homem, covardemente, fugiu. As dezenas de pessoas pararam, naquele instante, e ficaram assistindo-a agonizar. Nada fizeram para socorrê-la.

Lara morreu ali, com a faca cravada em sua barriga e de olhos arregalados.

Lindsay se aproximou da multidão, viu sua amiga morta ao chão. Chorava baixo. Olhou para as pessoas e falou, em voz alta:

– Ninguém vai fazer nada? Tirem o corpo dessa mulher daqui!

Policiais chegaram ao local. O comandante da ação gritou:

– Quem fez isso? Essa mulher era procurada pela lei. Ninguém deveria ter feito justiça com as próprias mãos!

Apesar de todos terem assistido à cena, ninguém "entregou" à polícia o assassino. Aquela comunidade sentia-se, naquele momento, "vingada" pela morte da sra. Myrnah e livre de mais uma "inimiga de Deus".

Em Londres, Edgard, debaixo de uma árvore, sentiu um aperto no peito. Pensava em Lara, queria vê-la e, quanto mais pensava em sua amada, maior se tornava uma agonia que só fazia crescer em seu íntimo.

Lindsay, chorando, com as mãos ao rosto, viu ali sua amiga morta, de olhos abertos. Um policial colocou um pano branco sobre o cadáver.

Encerrava-se ali, aos 32 anos, a vida de uma mulher que lutou, mesmo que equivocadamente, em alguns momentos, para viver seu grande amor. E sofreu, por conta daquela utopia, pagando com a própria vida.

# Capítulo 16

## O Cavaleiro Despede-se de Sua Amada

A notícia da morte de Lara espalhou-se rapidamente por Cambridgeshire. Em poucas horas, todos naquele condado falavam sobre a "justiça" feita à memória da sra. Myrnah.

Lindsay, em sua casa, estava triste em seu quarto, chorando. Sentira muito a morte de sua amiga. Tinha por Lara um afeto especial, pois via nela qualidades ímpares e sabia que, no fundo, aquela camponesa não passava de uma mulher solitária que buscava incessantemente a felicidade.

Pensou: "Terá a notícia dessa tragédia estúpida chegado a Londres? Será que Edgard já sabe de tudo? Meu Deus, como ele deve estar se sentindo? Pobre homem!"

Além de se preocupar com Edgard e seus sentimentos, Lindsay atinou para que, ou ele, já sabendo da tragédia, não voltaria naquele momento para Cambridgeshire, pelo fato de ter seu nome envolvido na morte de Myrnah, ou, ainda sem saber do acontecido, seria surpreendido ao lá chegar.

Porém, seguindo sua intuição, pensou: "Preciso encontrar Edgard antes de ele chegar ao condado".

Chamou um mensageiro de sua confiança, deu-lhe algumas moedas e orientou-o, dizendo:

– Fique à entrada de Cambridgeshire, à espera de Edgard, o tempo que for necessário, não saia de lá enquanto não falar com ele. E, quando vê-lo, diga que vá imediatamente me encontrar no Rio Cam. E que não entre na cidade antes de falar comigo. Estarei lá aguardando por ele.

O mensageiro cumpriu integralmente as orientações de Lindsay, avisando a Edgard que a encontrasse imediatamente às margens do Cam, pois se tratava de um caso de relevante urgência.

Edgard achou tudo aquilo estranho. Continuava com um aperto no peito, como se carregasse uma pedra dentro de seu corpo. Queria ir para casa, descansar e, em seguida, encontrar Lara. Mas algo lhe dizia para ir ao encontro da amiga de sua amada.

Lindsay, visivelmente abatida, estava naquele momento à margem do Rio Cam, olhando para a água, para o sol e para o horizonte.

Edgard se aproximou e falou:

– Boa tarde, srta. Lindsay!

Ela se virou, com os olhos marejados, retribuindo com a voz embargada:

– Boa tarde, *sir* Edgard Mitrew!

– O que se passa com a senhorita, pois sinto-a muito triste! Em que posso servir?

Lindsay pôs as mãos no rosto, chorava e soluçava muito. Edgard se aproximou, ofereceu a ela um lenço para que enxugasse as lágrimas. Ela aceitou, agradeceu, olhou para ele e falou:

– Terás de ser muito forte, nobre cavaleiro!

– Não te entendo, o que está acontecendo?

– Lara, *sir* Edgard, nossa Lara...

– O que houve com Lara?

Olhando no fundo dos olhos de Edgard, Lindsay começou a falar:

– Ela foi a Cambridge, queria notícias tuas. Porém, antes disso, apareceu na cidade (e chegou até as mãos da polícia) um bilhete deixado pela sra. Myrnah, dizendo que estava sendo ameaçada por vós, que tu terias matado, aqui neste rio, um fazendeiro escocês e, por conta disso, aliado a Lara, estavam ameaçando-a de morte...

Edgard interrompeu Lindsay:

– Prenderam-na?! Eu vou agora à cidade, preciso livrá-la dessa situação!

Lindsay deu as costas, saiu andando. Depois gritou, chorando:

– Não, Edgard, Não! Não há mais o que fazer!

Edgard "estacionou", sentiu como se seu coração tivesse parado de bater. Por alguns segundos, pensou em sair correndo, sumir dali. Porém, foi forte, virou-se, olhou para Lindsay, caminhou em sua direção, aproximando-se, tocou em seus ombros, e perguntou:

– Como assim, "não há mais o que fazer"?

– Ela foi a Cambridge, foi reconhecida. Uma multidão correu atrás dela. Desesperada, caiu, e alguém, que não se sabe ao certo quem, a esfaqueou...

Edgard, paralisado, sentiu suas pernas amolecerem.

– ... E agora ela está morta, Edgard!

Lindsay passou a chorar copiosamente. Edgard chorava berrando, não acreditando que tudo aquilo estava acontecendo em sua vida.

Sentia-se culpado pela morte de Lara.

Havia matado um homem inocente, havia matado Myrnah. Em ambos os casos, havia sucumbido às suas fraquezas, e tinha em Lara a "fórmula" para sua "salvação" dali em diante, mas, também por sua culpa, ela estava morta!

Edgard e Lindsay se abraçaram, chorando muito, e ali ficaram por alguns minutos.

Após algum tempo, sentaram-se à beira do rio e conversaram por longas horas.

Lembraram de Lara, de seu sorriso, de seu olhar, de seu jeito, ora matreiro, ora materno de tratá-los. Era, naquele momento, uma forma de, as duas únicas pessoas que a amavam, homenagearem-na.

Lindsay olhou para ele, passou a mão em seu cabelo e falou:

– Vejo que és um homem de muito valor, Edgard! Também és a única lembrança que ficou de minha mais querida amiga. Quero que saibas que, a partir de agora, tens em mim uma amiga com a qual podes contar a qualquer momento, em qualquer situação.

– Obrigado, Lindsay! Precisarei sim, e muito, da tua amizade! Enfrentarei, a partir de agora, julgamentos pesadíssimos. Mas, tenhas certeza, defenderei a memória de Lara. Sua imagem ficará limpa, nem que isso me custe a vida!

Lindsay admirava, naquele momento, a coragem daquele cavaleiro. Renascia, em meio àquela tragédia, uma amizade fraternal firmada em tempos remotos, que era retomada ali e atravessaria os "limites" do tempo, alçando voo a muito além do que a "visão" pode alcançar.

Quando se despediam, Lindsay falou:

– Infelizmente, não há mais o que fazer, Edgard! Se, ao menos, pudéssemos dar um enterro digno a ela!

– Nós daremos, Lindsay!

— Mas, nobre cavaleiro, não te esqueças de que teu nome está envolvido na morte de Myrnah!

— Não me importo mais com o que pensarão ou com o que acontecerá, Lindsay! Lara não está mais aqui... e por minha culpa!

Edgard chorava novamente. Lindsay o abraçou e falou:

— Não te culpes pelas armadilhas do destino, Edgard; ela morreu por amor a ti. Mas isso deve servir para que ela continue viva em tua memória e em teu coração.

— Eu nunca me perdoarei pelo que aconteceu com ela, Lindsay! — falou Edgard, soluçando.

Partiram dali, em seus cavalos, rumo às suas residências.

A sra. Mitrew, preocupada, recebeu Edgard com um forte abraço.

— Meu amor, o que está acontecendo? Estão falando lá fora que tu és um assassino e que mataste Myrnah. Isso é verdade? Pelo amor de Deus, faze-me acordar desse pesadelo!

Visivelmente triste, Edgard falou:

— Minha querida tia, eu não fiz nada do que estão falando!

Dirigiu-se ao seu quarto. A sra. Mitrew ficou na sala chorando. Conhecia o homem que criara e sabia que ele estava realmente envolvido com "coisas" negativas.

A notícia do retorno de Edgard se espalhara pelo condado. Vários comerciantes falavam em se mobilizar, em pegá-lo, mas, rapidamente, a polícia tratou de alertar as pessoas para que se mantivessem calmas, em seus lugares, pois aquele que tomasse a frente da justiça, por ela seria punido.

Além do mais, tratava-se de um comandante militar da realeza e não havia nenhuma prova contra ele além de um bilhete manuscrito pela senhora Myrnah.

Alguns "amigos" de Edgard comentavam à revelia, pelo condado, terem visto o rapaz ameaçar o fazendeiro Joseph, que sumiu logo em seguida. Porém, nenhum deles teve coragem de depor oficialmente à polícia, pois temiam uma forte represália por parte do comandante militar inglês.

Edgard saiu de casa disposto a tudo. Pensou: "Vou enfrentar o mundo por Lara, agora!".

Dirigia-se à sede da polícia. Durante todo o trajeto, caminhou olhando reto para a frente, mantendo a mão direita em sua espada, pronto para empunhá-la a quem lhe falasse algo que o desagradasse.

Ninguém ousou olhar em seus olhos, ninguém ousou cumprimentá-lo, ninguém ousou desafiá-lo... nem mesmo os "corajosos" que se "mobilizavam" para pegá-lo.

Na sede da polícia, apresentou-se. O policial falou-lhe:

– *Sir* Edgard Mitrew, sabe da acusação que pesa contra o senhor?

– Acusações, caro policial! Não há prova alguma de que eu matei alguém.

– O senhor tinha envolvimento com essa mulher pagã que faleceu ontem, aqui neste condado?

Naquele instante, várias cenas vieram à memória de Edgard. Lara chorando, implorando que ele a assumisse como sua mulher, ele rechaçando, dizendo que, por conta de sua posição social, não poderia assumi-la.

Olhou para o policial e falou:

– Sim, há vários anos!

– E o que o senhor me diz do conteúdo desse bilhete?

O policial alcançou o bilhete a Edgard.

Edgard leu o bilhete, devolvendo-o ao policial, e falou:

— Eu não sei do que se trata.

— *Sir* Edgard Mitrew, oficialmente não tenho prova alguma, mas há quem diga pelos quatro cantos da cidade que o viu ameaçando o fazendeiro escocês e desafiando-o para um duelo na mesma noite em que ele sumiu, às margens do Cam.

— Senhor policial, na condição de comandante militar da realeza, afirmo-lhe que só falarei agora em depoimento oficial. Portanto, gostaria de pedir-lhe que libere o corpo de minha amada, para que tenha um enterro decente.

— Muito bem, *sir* Edgard, tratando-se de um pedido seu, liberaremos o corpo dessa "pagã". Mas o senhor sabe que não é nada bom ter sua imagem associada a ela, não é mesmo?

— Agradeço sua gentileza e preocupação, mas sei o que faço.

Edgard conseguiu, graças à sua força e influência, liberar o corpo de Lara. Marcou seu enterro para a noite, quando o cemitério estaria praticamente vazio, e chamou Lindsay para se despedir da amiga.

Por volta de 21h, naquela gelada noite do inverno inglês, lá estavam Edgard e Lindsay, após um breve velório, enterrando Lara em uma das lápides mais simples daquele cemitério.

Lindsay trajava um vestido preto e usava à cabeça um enorme lenço preto, além de um véu da mesma cor, cobrindo-a toda, para não ser reconhecida.

Edgard enterrou sua amada vestindo sua roupa de militar.

Ambos choraram muito.

Perto deles, Mestre Rhady, Zedna e o Mago Alxiv acompanhavam aqueles movimentos.

O Mago Alxiv disse:

— Seu tutelado está por demais abalado, Mestre Rhady!

— A sentença ditada pela Lei Maior e a Justiça Divina ainda não foi completa, Mago Alxiv, e, afirmo-te, a de meu menino será talvez a mais pesada.

Zedna ouvia a tudo em silêncio e observava os movimentos do lado etérico daquele cemitério.

Edgard e Lindsay foram embora, tristes, cabisbaixos e em silêncio.

O jovem comandante da realeza britânica encerrava ali, naquele cemitério, um ciclo de sua vida e, mesmo sem saber, iniciava outro que o levaria a consequências nunca imaginadas por ele.

# Capítulo 17

# Frente a Frente com a Consciência

No momento da morte de Lara, um Guardião do Divino Trono Cósmico da Geração a amparou, levando-a para os domínios do "Senhor da Morte".

Três anos de sua morte, no plano material, haviam se passado.

No cruzeiro do cemitério, Senhor Mago Mykeval, Zedna e o Mago Alxiv conversavam.

Mykeval falou:

– Mestre Rhady tem os "pés no chão". Ele sabe que o melhor caminho para seu tutelado, daqui para a frente, é a correção.

Alxiv falou:

– Mestre Mykeval, permita-me perguntar-lhe: o que acontecerá daqui para a frente com as bruxas que desencarnaram?

– A tutelada de Tavinagh estará ligada a um domínio trevoso por, pelo menos, 350 anos. A tutelada de Mestra Saynah, como já sabes, caro Alxiv, está neste momento sob a tutela do "Senhor da Morte". Não está sendo fácil para ela aceitar os desígnios da Lei Maior e da Justiça Divina. Porém, quanto mais relutar em aceitar essa condição, mais tempo levará para se recuperar. Mas afirmo-te que, tenho certeza, em breve, ela estará trabalhando arduamente para reencarnar e "desentortar-se".

Zedna perguntou:

– E quanto a mim, Mestre Mago Mykeval, o que devo fazer agora?

– Voltes para teu descanso. Quando precisar de teus serviços, chamarei novamente.

Alxiv falou:

– Mas, Senhor Mago Mykeval, Valkyner ficará à solta? Ela pode perseguir as tuteladas de Mestre Tavinagh no baixo astral, de Mestra Saynah, onde ela estiver, e até mesmo o tutelado de Mestre Rhady, no plano material.

Mykeval emitiu um leve sorriso irônico e falou:

– Caríssimo Mago Alxiv, a partir de agora, deixemos Valkyner passear um pouco! E os Mestres da Luz cuidarão de suas "crianças". Além do mais, nossa participação determinada pela Lei do Pai, nesse caso, encerra-se aqui.

– Perfeitamente, Senhor Mykeval!

Pedindo licença ao Mestre Mago regente daquele domínio, Alxiv e Zedna se retiraram, retornando às suas "casas".

Mykeval ficou ali, observando, através da pedra negra à ponta de seu cetro, o que se passava nos "arredores" de seu domínio.

Distante dali, à beira-mar, encontrava-se Mestra Saynah, que aguardava, ansiosamente, por um encontro.

No lado etérico daquele ponto de forças natural, sereias saíam da água rapidamente e voltavam a mergulhar. Seres encantados, responsáveis pela guarda e manutenção daquele local, por ali transitavam.

– Mestra! – falou uma voz chorosa.

Saynah virou-se e viu Lara, sua tutelada, olhando-a com ar terno e triste.

Ela se aproximou de Lara, dizendo:

– Minha menina, minha pequena "cigana", vejo que já estás bem melhor agora!

– Eu não me sinto nada melhor, Mestra amada! Eu fui injustiçada, fui morta quando não deveria ter sido.

Saynah olhou firme nos olhos de Lara, que silenciou. A Mestra falou:

– Minha doce menina, entendas, os desígnios da Lei Maior devem ser compreendidos em seus mínimos detalhes. Se tu continuasses encarnada, tua vida tornar-se-ia muito difícil. Com a morte de Myrnah, tu serias perseguida, o que tornaria tua vida por demais tormentosa. E, também...

Lara deu às costas à sua Mestra, caminhou na direção das dunas daquela praia, parou, olhou para Saynah e falou:

– Edgard, Mestra amada, ele é o grande culpado por minha morte prematura!

– Não fales assim, "criança"! Precisas me escutar! Já te disse: foi um desígnio da Lei Maior. Entendas: teu desencarne, naquele momento, foi necessário para te preservar. Se encarnada, poderias continuar sendo perseguida não só no plano material como espiritualmente, até mesmo por Myrnah!

– Mestra, quanto tempo já faz, no plano material, que eu desencarnei?

– Três anos, minha pequena cigana!

– Eu nem vejo o tempo passar...

Saynah interrompeu-a:

– Esqueças o tempo, pois ele fora do plano material não te serve para muita coisa. Estou trabalhando para que te recuperes logo.

– Como assim?

– Deverás reencarnar, em algum momento que ainda não sei te precisar qual será. Mas na carne, vivendo, muito provavelmente em uma outra sociedade (diferente e distante da qual viveste na última encarnação), terás a oportunidade de, finalmente, trilhares o caminho correto de retorno ao Pai.

– Tenho tido, lá onde estou, visões estranhas, minha Mestra!

– Minha amada, estás amparada em um ambiente "negativo", onde, tenhas certeza, nenhum espírito ou vibração baixa te atingirá. Assim quis a Lei, que fosses amparada pelo Divino Trono Cósmico da Geração, que é regido pelo "Senhor da Morte".

– Mas eu não gosto daquele lugar, Mestra!

– Minha pequena "cigana", entendas, poderias estar em um lugar muito pior... e desprotegida! Lá, estás sob os cuidados da Lei do Pai, de um Trono Divino.

– Mestra, tenho tido, como disse, visões de outras vidas na matéria. Tenho visto coisas tão horríveis...!

– Esse tempo está servindo para que te "reconheças", minha "criança". Guarda bem em teu íntimo o aprendizado que carregarás com esses equívocos que estás "revendo" e com os da última encarnação, para que, na próxima jornada no plano material da vida humana, corrijas tudo com amor, fé e dedicação às coisas divinas.

Ainda um pouco revoltada, Lara falou:

– Não sei, Mestra! Eu estou muito confusa!

– Minha "criança", o Guardião* enviado pelo "Senhor da Morte" se aproxima. É chegada a hora de retornares.

– Eu não quero voltar para lá! Leva-me contigo!

– Minha amada, não deves pensar assim. Cumpre o tempo que ainda te resta lá. Ao final, verás o quão bom terá sido para ti.

Triste, cabisbaixa, Lara deixou uma lágrima escorrer.

Deu as costas, saindo dali acompanhada do Guardião do Divino Trono Cósmico da Geração.

Antes que sumisse de seu raio de visão, Mestra Saynah falou-lhe, telepaticamente: "Não procures por aquele homem, minha amada "criança"! Deixe-o com seus tormentos, onde ele está".

Lara recebeu aquela irradiação. E pensou: "Não sei se conseguirei. Quero vê-lo, tenho saudades, mas também quero vingar-me".

Três anos antes, alguns dias após o enterro de Lara, Edgard foi oficialmente "convidado" a depor sobre os casos "Joseph" e "Myrnah".

Negou veementemente sua participação, tanto no sumiço do fazendeiro escocês quanto na morte de Myrnah.

Durante o depoimento, irritou-se, dando um soco na mesa e esbravejando:

---

\* *O Guardião em questão é conhecido na Umbanda como o Senhor Exu Caveira.*

– Respeita-me! Eu sou um comandante da realeza! Como ousas, policial, duvidar de minha palavra? Sou um homem de conduta ilibada, condecorado! Ora, e tu preferes acreditar em boatos que "rondam" por aí?!

– Mantenha-se calmo, *sir* Edgard Mitrew, pois estou apenas cumprindo com meu dever.

Edgard sentou-se, olhava com muito ódio para aquele policial, que falou a ele:

– *Sir* Edgard Mitrew, vejo que se encontra muito nervoso! Vá para casa, voltaremos a conversar em um outro dia.

Edgard, no caminho para casa, passou a sentir-se atormentado. Via nos olhares das pessoas, pelas ruas, a "acusação". Ouvia a voz de Lara, chorando, dizendo que queria ser sua mulher, ouvia a voz de Myrnah, dizendo que ele estava em suas mãos.

Aquelas vozes não saíam de sua cabeça e, cada pessoa que ele olhava na rua, sentia como se fosse alguém que tinha a "prova" de sua participação em ambos os crimes dos quais era acusado.

Chegou em casa, não falou com sua tia, entrou no quarto, deixou sua espada à porta e jogou-se na cama.

Queria parar de ouvir aquele tormento. Porque, o que antes era um tormento mental, estava sendo também um tormento "auditivo".

Edgard ouvia vozes, diálogos dissonantes, ouvia a voz de Myrnah, ouvia a voz de Lara.

Chorou muito.

Ao seu lado, Mestre Rhady, telepaticamente, falou: "Eis a 'ilha' para a qual a vaidade e o negativismo te levaram. Estás sozinho, quase todos querem tua 'cabeça'. O que farás agora, 'feiticeiro'?".

Edgard chorava sem parar. Seu Mestre emitiu uma irradiação: "Há uma pessoa que pode te confortar e mostrar o caminho que deves seguir. Procures por ela".

Após algumas horas, Edgard chamou sua tia ao quarto.

— Meu filho, o que tens? Desabafa com essa velha tia, estou muito preocupada contigo!

— Fica tranquila, minha tia amada, só estava um pouco indisposto. Preciso de um favor: que chames Lindsay aqui, pois tenho de conversar com ela.

A sra. Mitrew atendeu ao pedido do sobrinho e, ainda naquele dia, visivelmente preocupada, Lindsay foi visitar o amigo Edgard.

— Como estás, querido amigo?

— Perdido, desorientado, desatinado...

— Não fiques assim, Edgard! És um homem de enormes responsabilidades para com nosso país...

Ele a interrompeu:

— Será que ainda sou?

— Amigo querido, meu pai me falou que as acusações que pesam contra ti já chegaram a Londres.

Edgard, desorientado, olhava para Lindsay sem saber o que fazer. Pegou em suas mãos e disse:

— Disso tudo, cara amiga, o pior é conviver com o peso na consciência...

— Eu sei, ainda te sentes culpado pela morte de Lara, mas...

— Não, Lindsay, eu realmente me sinto culpado pela morte de minha amada, mas estou falando dos outros crimes.

Lindsay levou a mão à boca, não acreditando. Em seguida, falou:

– Quer dizer que tu...

– Exatamente, Lindsay! Eu matei Joseph em um momento muito infeliz, não sei o que me aconteceu àquela noite. Parecia que eu estava possuído por algum "demônio". E Myrnah, foi um acidente. Eu fui à casa dela tentar conversar, negociar, para que ela nos deixasse em paz. Eu tinha um *affair* com ela, Lindsay! Ela quis cobrar caro e, por isso, o bilhete... Mas ela avançou em mim com uma faca, eu só fiz defender-me e, empurrando-a, aconteceu a fatalidade.

Lindsay apertou as mãos do amigo e falou:

– Meu querido, precisas ser forte, agora! Admiro-te por demais por tua retidão, pela forma como te vi lidar com tudo, após a morte de Lara, especialmente lutando para que ela tivesse um enterro digno. Por isso te digo: limpa tua consciência. Confessa, conta tudo o que realmente aconteceu.

– Mas eu perderei minha posição na sociedade, meu *status* de comandante...

Ollhando firme para ele, Lindsay falou:

– Por conta disso, já perdeste Lara, lembras? O que mais tens a perder agora?

Edgard abaixou a cabeça e, em tom baixo, falou:

– Tens razão!

Lindsay disse:

– Vou deixar-te refletir, caro amigo! Espero que tomes a decisão acertada. E, saibas, apoio-te, independentemente de qualquer coisa. Estarei incondicionalmente ao teu lado.

Edgard levantou-se e abraçou-se chorando à amiga. Despediram-se, ela partiu.

O nobre comandante da realeza britânica sentia, naquele momento, que deveria ser muito forte dali em diante. Sua vida mudaria... ou melhor, já estava mudando, sem Lara!

Alguns dias após a conversa com Lindsay, a trabalho, em Londres, pôde sentir na pele a discriminação por parte do clero e da nobreza.

Estava, aos poucos, perdendo o *status* que tanto preservara, pois, para todos eles, o comandante real era um "feiticeiro" e "assassino".

Podia ter, naquele momento, a medida certa do que passava sua amada Lara, quando encarnada.

Na semana seguinte, de volta à Cambridge, foi chamado novamente à polícia.

Sem rodeios, disse ao policial:

– Hoje conversaremos melhor.

Quando o policial ensaiou perguntar-lhe algo, ele interveio dizendo:

– Naquela noite, eu havia bebido algumas garrafas de vinho. Eu estava triste, porque havia brigado com Lara, a única e verdadeira mulher de minha vida. Eu sentia, naquele momento, policial, que eu era um fraco. Porque eu amava uma mulher e não a assumia por conta de um *status* que eu fazia questão de preservar. E, mesmo amando aquela mulher, caro policial, eu me envolvia com outras, que eram "aceitas" por nossa sociedade, pois eram moças de famílias cristãs. Porém, naquele momento, eu estava encrencado, pois tinha me envolvido com uma mulher que, além de ser bem mais velha do que eu, era amiga íntima de minha falecida mãe. Uma mulher que me viu nascer e crescer.

– *Sir* Edgard... tinha um caso com sra. Myrnah?

– Sim, caro policial! Aliás, aquela senhora tão bem vista na sociedade, informo-lhe, também era bruxa.

– Bem, *sir* Edgard, encontramos alguns vestígios, materiais suspeitos na casa dela, mas, como se trata de uma senhora muito bem vista aqui no condado, não vamos mexer com isso, não é mesmo?

– Prosseguindo, policial, naquela noite, eu estava "irado", "louco", ou qualquer adjetivo que siga essa linha pode definir o que eu sentia. Eu realmente chamei aquele homem para um duelo e matei-o, à beira do Rio Cam.

O policial arregalou os olhos. Edgard continuou falando:

– Quanto a Myrnah, senhor policial, foi um acidente! Ela descobriu (muito provavelmente por meio de suas "feitiçarias") o que havia acontecido àquela noite no Cam e disse-me que, se eu não ficasse com ela, acabaria com minha vida. Eu fui, àquela noite, à casa dela, para conversar, tentar chegar a um entendimento. Mas, em um determinado momento, ela avançou em mim, com uma faca, eu apenas me defendi e, acidentalmente, ela caiu, bateu com a cabeça à mesa... e morreu!

– *Sir* Edgard, é preciso entender o seguinte: queríamos muito poder provar sua inocência. O senhor é um orgulho para nosso condado. Quanto à morte da sra. Myrnah, realmente encontramos uma faca perto do corpo dela e fica muito fácil comprovarmos uma legítima defesa sua, mas, com relação ao fazendeiro Joseph, saiba que estamos sofrendo uma pressão enorme de pessoas muitos influentes lá de Edimburgo. E a notícia da possibilidade de ele ter sido assassinado pelo senhor já chegou lá. E, de Londres, recebemos a orientação para sermos rigorosos na investigação, a fim de evitarmos uma crise diplomática.

– Entendo isso tudo, policial! Eu precisava ser correto com minha consciência. Por isso estou aqui, falando-lhe como tudo realmente aconteceu.

Edgard voltou naquele dia para sua casa sentindo um misto de alívio, nojo por si próprio e medo de perder "tudo" o que tinha. Em dado momento, pensou: "Mas, tudo o que eu realmente tinha era Lara! Eu a perdi por pura covardia!".

Alguns dias se passaram e Edgard soube, por meio de um advogado, que seu julgamento seria marcado em breve.

Fora afastado de suas atividades no Exército real inglês.

Ficava em casa, entristecido. Sua tia, já muito velha e doente, passava os dias preocupada com seu sobrinho.

O ócio estava levando-o à loucura.

No antepenúltimo dia de 1731, a sra. Mitrew faleceu.

Edgard passou a viver sozinho naquela casa.

Periodicamente, Lindsay visitava o amigo, a fim de animá-lo um pouco. Convidava-o para sair, passear, mas ele, sempre muito triste, não aceitava. Porém, tinha nas visitas daquela amiga os únicos momentos de alegria que a vida lhe permitia.

No mês de março de 1732, Edgard foi informado de que seu julgamento ocorreria em poucas semanas.

Triste, apenas falou, certa vez, à amiga Lindsay:

– Pouco me importa o que acontecerá comigo, a partir de agora, Lindsay! Respondo por duas mortes, ainda sofro com a morte de minha amada Lara, mas, se há alguém "morto" nessa história... sou eu!

Lindsay foi, naquele dia, chorando para casa. Estava muitíssimo preocupada com seu amigo. Queria ajudá-lo, fazer algo que o trouxesse de volta à vida, mas não tinha forças para tanto.

Sentia-se como uma "irmã mais velha" daquele homem, porém não conseguia encontrar uma forma de ajudar seu "irmãozinho".

Edgard foi julgado e condenado, pela morte de Joseph (sob forte pressão e influência de nobres, comerciantes e parte do clero escocês), a oito anos de reclusão, que seriam cumpridos na prisão de Cambridge. Foi absolvido da morte de Myrnah, por legítima defesa.

Era o ano de 1734. Edgard, na prisão havia dois anos, estava em uma cela, solitário, vestia roupas rasgadas. Mesmo com as constantes visitas de Lindsay, ele se mantinha daquela forma: um maltrapilho. E, apesar das insistências da amiga, nada fazia para melhorar, vestir-se melhor.

Certo dia, sentado ao chão, encostado à parede, passou a ver um vulto feminino à sua frente.

No lado etérico da vida, do domínio onde estava retida, Lara enviava vibrações mentais densas a Edgard.

Ela pensava: "Eu te dei minha vida, meu amor... e tu me deste a morte. Preciso de uma explicação...".

Edgard ouvia aquilo, via um vulto feminino à sua frente. Começou a chorar. Desesperou-se, berrava muito. Gritava e dizia:

– Lara, pelo amor de Deus, Lara, perdoa-me!!!!!!!

Guardas se dirigiram à cela para ver o que acontecia. Encontraram Edgard ao chão, debatendo-se, rasgando suas roupas e arranhando o próprio corpo.

Lara, do domínio onde estava retida, via mentalmente o que acontecia ao seu amado. E chorava em silêncio.

# Capítulo 18

# Uma História sem Fim

Edgard cumpriu sua pena até o último dia.

Durante os oito anos em que lá ficou, só recebeu visitas de Lindsay e, eventualmente, de seu advogado. Não tinha mais nenhum familiar após a morte da sra. Mitrew.

Lindsay, sempre muito preocupada com o amigo (e com a permissão das autoridades locais, afinal, apesar de tudo, Edgard ainda era querido por muitos naquele condado), levava, quando de suas visitas, quitutes, doces, pequenos mimos. Tentava, presenteando-o, dar alegria à sua vida.

Nos últimos três anos da permanência de Edgard na prisão, as visitas de Lindsay diminuíram, pois ela se casou e teve uma filha. Mas, mesmo assim, nunca cogitou a hipótese de abandonar aquele amigo querido.

Em 1740, após cumprir oito anos conforme a pena estabelecida, Edgard Mitrew foi solto.

Lindsay aguardava-o com um sorriso no rosto e a filha no colo, ao lado de seu marido.

Ela e sua família acompanharam Edgard até sua casa. Ficaram lá por algumas horas. Lindsay preparou uma refeição para todos, a fim de celebrar a libertação do amigo.

Edgard, muito educadamente, sorria para tudo, mas em seu interior sentia-se petrificado.

No caminho de retorno ao seu lar, Lindsay falou ao marido:

– Edgard não está bem!

– Está sim. Sorriu, brincou, percebe-se que superou tudo.

– Não, meu amado, conheço bem aquele homem! Bem no fundo de seu olhar, pude ver maldade, rancor e desejo de vingança.

O marido de Lindsay nada falou.

Em pouco tempo, ainda no ano de 1740, Edgard vendeu a casa onde crescera e fora criado por seus pais e sua tia, comprando uma pequena propriedade nos arredores de Londres.

Vivia lá sozinho, plantava para seu próprio sustento e também vendia para o comércio de Cambridge e Londres.

Mas passou a dedicar-se, além desta atividade para seu sustento, às lidas da magia.

Em 1741, já era procurado por muitas pessoas que viam na magia um "atalho" para a resolução de seus problemas.

Edgard não media esforços, especialmente, em praticar magias que pudessem prejudicar pessoas que ele nem ao menos conhecia.

Certa noite, em seu quarto, preparava-se para dormir, quando sentiu uma presença naquele ambiente.

Viu um vulto passar entre sua cama e a parede, fixando-se aos pés da cama.

Ele se sentou, ficou olhando aquele vulto. Em momento algum sentiu medo. Nada mais o amedrontava. Era, realmente, um homem de coração petrificado.

Ouviu, telepaticamente: "Me vês assim porque essa é a luz que tens à tua volta, neste momento. Porém, já me viste de forma mais clara, em teus sonhos!".

Ele exclamou:

– Mestre Rhady!

O Mestre Tutelar, telepaticamente, prosseguiu: "Estás fazendo tudo errado, mais uma vez! Recebes chances, uma atrás da outra, mas voltas ao erro! Onde pretendes chegar dessa forma? Os recursos que recebeste de Deus, nosso Pai Maior e Divino Criador, deveriam ser usados exatamente para propósitos contrários aos que estás usando. Estás, "feiticeiro", prejudicando pessoas que nem conheces. Fazes magias que estão destruindo a vida de muita gente".

Telepaticamente, Edgard falou: "Apenas, Mestre, eu auxilio as pessoas no que elas me pedem!".

"Não mintas para ti, pois para mim não é que estás mentindo! Não te iludas, não te enganes! Ou não percebes em teu íntimo o prazer que sentes quando estás enviando magias baixas a teus semelhantes? Pois, se não percebes, saibas que eu percebo e a Lei de Deus está vendo tudo. É a última vez que te falo, meu 'menino', muda agora, ou as consequências serão nefastas para ti!"

O vulto desapareceu. Edgard em momento nenhum sentiu-se abalado por aquilo que ouviu.

Com o passar do tempo, continuava ainda mais petrificado.

De vez em quando, levava mulheres para sua casa e praticava orgias "intermináveis".

Queria, de algum modo, sufocar o sentimento de culpa que carregava. Mas, infelizmente, optou por trilhar a via incorreta.

Mestre Rhady, após aquela última conexão, continuava a seu lado, porém nunca mais se comunicou com ele. Amparava-o sempre dentro dos ditames da Lei, mas aguardava o dia do encerramento da parte "material" de sua sentença para encaminhá-lo ao local de seu merecimento.

Certo dia, em meio à "farra" com uma mulher em sua casa, já bêbado, acariciava-a em sua cama, beijava-a, quando, de repente, falou:

– Adoro tua pele macia, Lara, ela me "alimenta"!

A mulher levantou-se, ofendida, e disse:

– Como ousas me chamar pelo nome de uma "qualquer"?

Ele ficou "cego", levantou-se da cama, esbravejando:

– Lara não é uma qualquer!

Espancou a mulher, chegando a quebrar alguns dos dedos de sua mão direita.

Shaly, o homem rato, próximo de Edgard, assistia a tudo com satisfação.

Em 1747, aos 47 anos, vivendo sozinho, Edgard recebeu a visita de Lindsay.

– Amigo querido, estou muito preocupada contigo! Vejo que não estás bem! Volta para Cambridgeshire. Lá é teu lugar, estarás perto de mim. Poderei ver-te com maior frequência.

– Nunca mais quero por meus pés naquele condado, Lindsay! Aquele lugar me traz apenas lembranças desagradáveis... e trágicas!

Lindsay voltou para sua casa, em Cambridge, muito triste, naquele dia. Sentia que seu amigo estava "consumindo-se", e que, se continuasse a trilhar aquele caminho, não haveria retorno.

Edgard, o "feiticeiro real"! Assim ele ficara conhecido entre os moradores daquela região onde se instalara após sair da prisão.

E, por mais incrível que pudesse parecer, aquele "título" envaidecia-o, da mesma forma que ocorria em outros tempos, por conta de seu *status* de nobre cavaleiro e comandante militar da realeza.

E, da mesma forma que em Cambridge, era, naquela região, respeitado... e temido.

Suas magias, com o passar do tempo, foram ficando mais "cavernosas". Sua energia foi ficando tão negativa que foi dificultando a aproximação de Mestre Rhady. O Mestre Mago Tutelar ficava bem distante de seu tutelado. Já Shaly, o homem--rato, vivia "colado" em Edgard, especialmente, na hora de executar seus "feitiços".

Em muitos deles, o homem-rato "avançava" com tanta voracidade para dentro do espaço mágico aberto por Edgard, que se assemelhava a um ser que não "come" há muitos dias. Aquele "prana" denso dos feitiços operados pelo "feiticeiro real" alimentavam Shaly e escravizavam, cada vez mais, Edgard.

Solitário, sentia-se infeliz. Beirava os 50 anos, vivia sozinho, não tinha filhos, não tinha mulher... não tinha Lara!

Certo dia, Mestre Rhady, a distância, vendo-o dormir, pensou: "Tu mesmo, meu menino, te sentenciaste! Buscaste o lado oposto a Deus e, agora, estás sendo sucumbido pelas trevas que habitam em teu interior".

Era o mês de maio de 1748. Edgard sentia dores pelo corpo, não sabia o que fazer. Não cogitava a possibilidade de procurar um médico, então pensou: "Eu só não aprendi, nessa minha vida de 'feiticeiro', como curar-me dessas dores".

Suas dores foram aumentando com o passar do tempo. Sentia como se estivesse sendo "corroído" por dentro. A cada dia que passava, sentia-se "mole", como se o que "sustentava" seu corpo material estivesse desaparecendo.

Edgard não sabia, mas estava com câncer nos ossos.

Ao final daquele mês, recebeu a visita de Lindsay que, preocupada, falou:

– Edgard, vou te levar ao médico, estás magro demais! Tens te alimentado?

– Eu não vou, Lindsay!

– Vai sim, na terça-feira eu passo aqui, e vamos a um médico de confiança de minha família em Londres.

Os dias se passaram. Edgard, vendo que não haveria muito jeito, aguardava Lindsay para ir ao médico.

No domingo, dois dias antes da chegada de Lindsay, tentou abrir um espaço mágico. Queria fazer algum "feitiço" que, ao menos, amenizasse suas dores.

Sem forças, caiu e não conseguiu prosseguir. Shaly, próximo a ele, gargalhava.

Na segunda-feira, por volta de 17h, aproximou-se de sua cama. Sentia muitas dores. Caiu deitado à cama, estava ficando sem ar. Olhou à sua volta, viu vários ratos subindo pela cama e andando por seu corpo. E não havia ratos "físicos" por ali.

Mestre Rhady estendeu sua mão esquerda na direção de Shaly, que estava próximo a ele, fazendo com que o rato saísse correndo e dali desaparecesse. Após isso, cruzou os braços, colocou a mão direita ao queixo e ficou observando o que acontecia ao seu tutelado.

Edgard, respirando com menor frequência, sentia como se seu corpo estivesse se "desintegrando".

Do lado etérico, surgiu uma "velha senhora", encurvada, trajando um vestido quadriculado em preto e branco, com um lenço lilás à cabeça. Apoiava-se em um cajado. Era uma Guardiã do Divino Trono Cósmico da Evolução,* que buscava Edgard para encaminhá-lo aos seus domínios.

Mestre Rhady, vendo aquilo tudo, pensou: "Espero que agora, meu menino, sob os olhos da 'Senhora da Evolução', tu consigas enxergar aquele que realmente é teu caminho!"

Encerrava-se ali, aos 48 anos, a vida de um homem que se equivocou por demais durante o tempo em que esteve encarnado. E pagou por sua omissão, vaidade e compreensão equivocada da forma correta em lidar com a vida.

Na terça-feira, Lindsay encontrou Edgard morto. Abalada com a morte do amigo, providenciou o transporte de seu corpo para Cambridge, sendo ali enterrado em uma cerimônia em que só ela e seu marido se fizeram presentes.

Retornemos alguns anos...

Em uma manhã especialmente ensolarada em Cambridgeshire, cavalgava pelas ruas um jovem militar, galopando em seu corcel branco. Era cumprimentado e "reverenciado" por muitos. Sentia-se orgulhoso e se envaidecia com aquilo tudo.

---

\* *O Divino Trono Cósmico da Evolução ou a "Senhora da Evolução" é, na Umbanda, a Sagrada Orixá Nanã Buruquê, que polariza, nesse sentido da vida, com o Sagrado Orixá Obaluayê, Trono Universal da Evolução.*

Edgard Mitrew era, àquela altura, um orgulho daquele condado. Jovem militar proeminente, vinha se destacando em suas atividades no exército real inglês.

Muitos diziam que, rapidamente, tornar-se-ia um dos mais jovens comandantes militares da vitoriosa história da Grã-Bretanha.

Era o ano de 1724.

Naquele dia, Edgard passeava com seu cavalo e resolveu ir a seu ponto favorito, o Rio Cam.

Lá chegando, amarrou seu cavalo a uma árvore e viu, a distância, uma bela mulher magra, elegante, cabelos negros, pele branca, olhos amendoados.

Ele se aproximou, ela olhava para o rio e sentiu que havia alguém por perto, olhou para trás. Viu aquele homem magro, alto, elegante, cabelos longos (até a altura dos ombros), cavanhaque negro. Achou-o lindo, mas imediatamente pensou: "É um militar, veio prender-me!".

Saiu correndo. Deixou seu véu preto cair ao chão.

Edgard falou:

– Ei, senhorita!

Ela olhou para ele, que juntou o véu, estendendo a mão para entregá-lo a ela. Disse:

– Creio que não queiras deixar isso por aqui, não é mesmo?

– Muito obrigada! – agradeceu a jovem, que se movimentou para ir embora, mas Edgard falou:

– Não tenhas medo! Eu não vou te fazer mal! – tirou o chapéu, encostando-o ao peito. – Apenas vi-te aqui, achei que já te conhecia e, agora que vi teus olhos, teu belo rosto, senti teu "cheiro de natureza", sinto que temos muito o que conversar.

Ela ficou desajeitada. Ele lhe estendeu a mão, dizendo:

– Chamo-me Edgard Mitrew!

Ela lhe estendeu a mão e disse:

– Chamo-me Lara, apenas!

Ele beijou sua mão e falou:

– Sinto que receias por minha presença aqui. Proponho-te, então, que nos encontremos amanhã, ao meio-dia, sob aquela árvore... – ele apontou para a árvore.

Estranhamente, sem entender por que fazia aquilo, Lara falou:

– Está bem! Estarei aqui.

Encontraram-se, no dia seguinte, pontualmente ao meio-dia. Conversaram muito. Imediatamente, apaixonaram-se. Depois, marcaram outros encontros à margem do Rio Cam.

No terceiro encontro, estavam sentados à beira do rio. Edgard se levantou, estendendo a mão para Lara levantar-se. Ela parou à sua frente. Por alguns segundos, seus olhares "congelaram" um no outro. Sentiram ali que aquele amor era inevitável.

Beijaram-se, reiniciando, à beira do Rio Cam, uma história que ultrapassa os limites do tempo e da vida no plano material.

# Mensagem Final

Histórias "realistas" de amor trazem ensinamentos que devemos carregar para todo o sempre, em nossa jornada evolutiva.

A história relatada neste livro é "realista", mas também é real. Porém, os nomes dos personagens, em sua maioria, são fictícios.

Muitas vezes, os seres humanos encarnados acham que tudo passa pelo momento que estão vivendo. Pensam que seus sofrimentos, angústias, depressões são fruto de algo que viveram recentemente ou, até mesmo, por influência de terceiros. E não se apercebem de que a vida no plano material é apenas mais um "capítulo" de uma longa história.

Esta "história de magia" quer mostrar a quem a leu que a verdadeira "magia" está no amor a Deus.

Quando todos nos conscientizarmos de que tudo o que nos é colocado na Criação d'Ele é para nosso próprio benefício, e que esse benefício passa pela agregação e congregação entre todos os humanos e todas as criaturas de Deus, aí, então, teremos encontrado o caminho correto, que é aquele que nos leva de volta ao nosso Pai Maior e Divino Criador.

Espero que este livro tenha trazido bons aprendizados a quem a ele chegou.

Desejo que com muita Fé, banhados em Amor, amparados no Conhecimento, dentro dos ditames da Justiça Divina, ordenados pela Lei Maior, transmutando-se e seguindo a estrada da Evolução, tenham Criatividade e gerem em seus íntimos muita Vida, pois Vida é tudo na Criação do Pai.

*Pai Cipriano do Cruzeiro das Almas*